Verhandlungen

des

Dreißigsten

Deutschen Juristentages.

(Danzig 1910.)

Herausgegeben

von

dem Schriftführer-Amt der ständigen Deputation.

Zweiter Band.

(Stenographische Berichte.)

Berlin 1911.

Kommissions-Verlag von J. Guttentag, Verlagsbuchhandlung, G. m. b. H.

Übersicht

über

Gutachten und Verhandlungen des 30. Deutschen Juristentages.

Statut
des
deutschen Juristentages.

§ 1.

Der Zweck des deutschen Juristentages ist: eine Vereinigung für den lebendigen Meinungsaustausch und den persönlichen Verkehr unter den deutschen Juristen zu bilden; auf den Gebieten des gesamten bürgerlichen Rechts, des Prozesses, des Strafrechts und des inneren Verwaltungsrechts den Forderungen nach einheitlicher Entwickelung immer größere Anerkennung zu verschaffen, die Hindernisse, welche dieser Entwickelung entgegenstehen, zu bezeichnen und sich über Vorschläge zu verständigen, welche geeignet sind, die Rechtseinheit zu fördern.

§ 2.

Der deutsche Juristentag tritt in der Regel alljährlich zusammen, doch ist die ständige Deputation ermächtigt, aus Gründen der Zweckmäßigkeit ausnahmsweise die Wiedereinberufung des Juristentages erst in dem auf dessen letzten Zusammentritt folgenden zweiten Kalenderjahre vorzunehmen.

§ 3.

Zur Mitgliedschaft berechtigt sind die deutschen Richter, Staatsanwälte, Advokaten und Notare, die Aspiranten des Richteramts, der Anwaltschaft und des Notariats, sowie jeder, der nach seinen Landesgesetzen zum Richteramte, zur Anwaltschaft oder zur Ausübung des Notariats für befähigt erkannt ist, ferner die Lehrer an den deutschen Hochschulen, die Mitglieder der gelehrten Akademien, die Doktoren der Rechte und die rechtsgelehrten Mitglieder der Verwaltungsbehörden.

---

*) Auf dem 30. Juristentag ist folgende authentische Auslegung beschlossen worden:

„Als rechtsgelehrte Mitglieder der Verwaltungsbehörden sind zu erachten alle diejenigen, welche nach Absolvierung des akademischen Rechtsstudiums eine juristische Staatsprüfung bestanden haben.“

§ 4.

Die Mitgliedschaft beginnt mit dem Empfange der Mitgliedskarte. Sie berechtigt zur Teilnahme an den Verhandlungen und an der Abstimmung.

§ 5.

Der Beitrag der Gesellschaftsmitglieder beträgt sechs Mark jährlich und ist innerhalb vier Wochen nach Beginn des neuen Jahres zu entrichten, widrigenfalls derselbe durch Postvorschuß eingezogen wird. Nimmt ein Mitglied den mit Postvorschuß beschwerten Brief nicht an, so wird dies einer ausdrücklichen Austrittserklärung gleich erachtet. — Für die am Orte des Juristentages selbst zu lösende Anmeldungskarte sind drei Mark zu entrichten.

§ 6.

Den Plenarverhandlungen des deutschen Juristentages gehen der Regel nach Abteilungsberatungen voraus. Zu diesem Zwecke werden nach Bedürfnis vier Abteilungen gebildet, nämlich:

1) Abteilung für bürgerliches Recht, juristisches Studium und praktische Ausbildung.
2) Abteilung für Handels-, Wechsel-, See-, und internationales Recht.
3) Abteilung für Strafrecht, Strafprozeß und Gefängniswesen.
4) Abteilung für Gerichtsverfassung und Zivilprozeß.

Liegen Beratungsgegenstände aus dem Gebiete des Verwaltungsrechtes vor, so werden sie in der Regel einer dieser Abteilungen zugewiesen.

Die Abteilungen wählen ihre Vorsitzenden, Schriftführer, Berichterstatter und benachrichtigen den Vorsitzenden der Plenarversammlung (§ 7), sobald ihre Beratungen über einzelne Gegenstände geschlossen sind; ihre Anträge sind schriftlich zu fassen.

Sämtliche Beschlüsse der Abteilungen werden in der Plenarversammlung mitgeteilt. Es findet jedoch eine Erörterung und Entscheidung im Plenum nur dann statt, wenn dieselbe von der betreffenden Abteilung vorgeschlagen, oder wenn sie von mindestens zehn Mitgliedern beantragt und von der Plenarversammlung vorgeschlagen wird. Über die Vorfrage, ob dem von mindestens zehn Mitgliedern gestellten Antrage auf Plenarentscheidung stattzugeben, wird nur einem der Antragsteller und dem Berichterstatter das Wort erteilt.

§ 7.

Die Verhandlungen der Plenarversammlung leitet ein Vorsitzender, welcher für die Dauer eines jeden Juristentages in der ersten Plenarversammlung durch Stimmzettel oder Akklamation gewählt wird. Derselbe benennt zwei bis vier Stellvertreter und vier Schriftführer. Er bestimmt die Tagesordnung und kann einzelne Gegenstände, ohne Vorberatung in den Abteilungen (§ 6), unmittelbar zur Plenarberatung stellen. Auch ist er befugt, Nichtmitglieder als Zuhörer zuzulassen.

§ 8.

Bei allen Beschlüssen der Plenarversammlung und der Abteilungen entscheidet einfache Majorität der anwesenden Mitglieder, bei allen Wahlen relative Majorität und im Falle der Stimmengleichheit das Los.

§ 9.

Wird Schluß der Debatte beantragt, so wird über diesen Antrag sofort abgestimmt. In der Plenarversammlung sind alle Anträge mit Ausnahme des Antrages auf Schluß der Debatte schriftlich zu stellen.

§ 10.

Vor dem Schlusse eines jeden Juristentages wird von der Plena versammlung durch Akklamation oder in einem einzigen Skrutinium durch Stimmzettel eine aus neunzehn Mitgliedern und dem Präsidenten des letzten Juristentages als Ehrenpräsidenten bestehende ständige Deputation gewählt. Die Liste der zur Akklamation vorzuschlagenden Personen wird durch den Präsidenten der Plenarversammlung, seine Stellvertreter und je zehn von jeder Abteilung gewählte Vertrauensmänner gemeinschaftlich festgestellt.

Die ständige Deputation hat folgende Befugnisse und Obliegenheiten:

1) sie sorgt für die Ausführung der von dem Juristentage gefaßten Beschlüsse, veranlaßt nach eigenem Ermessen den Druck der Protokolle und Vorlagen, bewirkt die Verteilung der Drucksachen an die Mitglieder und verwahrt alle Akten und Schriftstücke des Juristentages;

2) sie bestimmt Zeit und Ort des nächsten Juristentages, trifft die für denselben nötigen Vorbereitungen, erläßt die Einladungen, stellt die vorläufige Tagesordnung auf, wobei sie in der Regel nur die bis zum 31. Mai des laufenden Jahres eingegangenen

Vorlagen zu berücksichtigen hat, und bereitet Abänderungsvorschläge in betreff der Geschäftsordnung für die Plenarversammlung vor;

3) sie nimmt die Beitrittserklärungen neuer Mitglieder entgegen, fertigt die Mitgliedskarten aus, empfängt die Beiträge, bestreitet die Ausgaben und legt der folgenden Deputation Rechnung;

4) sie ergänzt sich selbst, falls eins oder mehrere Mitglieder während des Geschäftsjahres ausscheiden.

Die Deputation wählt aus ihrer Mitte einen Vorsitzenden, einen Schriftführer, welcher ein von der Deputation festzusetzendes Pauschquantum für bare Auslagen erhält, und einen Kassierer. Der letztere ist verpflichtet, der ständigen Deputation bei ihrem jedesmaligen Zusammentritt einen Kassenabschluß vorzulegen. Die Deputation läßt durch eines oder mehrere ihrer Mitglieder die Rechnung prüfen und die Kasse revidieren.

Die Deputation bestimmt Ort und Zeit ihrer Zusammenkunft. Zur Gültigkeit ihrer Beschlüsse ist die Einladung sämtlicher Mitglieder, sowie die Mitwirkung von wenigstens fünf Mitgliedern erforderlich.

§ 11.

Abänderungen dieses Statuts können zwar von der Plenarversammlung durch einfache Stimmenmehrheit, jedoch nur auf schriftlichen Antrag, der vier Wochen vor dem Zusammentritt des Juristentages der ständigen Deputation (§ 10) überreicht worden, beschlossen werden.

Kassenabschluß

des Deutschen Juristentages am 7. September 1910.

A. Wertpapiere (im Depot der Deutschen Bank):

1.	3½% Pommersche ldsch. Pfandbriefe	. . .	3000,—
2.	3% " " "	. . .	3000,—
3.	3½% neue Berliner "	. . .	1000,—
4.	3% Deutsche Reichsanleihe	. . . . .	5000,—
			Mk. 12000,—

B. Kassenbestand:

Guthaben auf Depositen-Konto bei der Deutschen Bank "	4,80
in Summa	Mk. 12004,80

Berlin, den 7. September 1910.

Der Schatzmeister.
gez. Dr. Rießer.

Verzeichnis der Mitglieder

der

ständigen Deputation

nach der Wahl des 30. Juristentages 1910.

Dr. Brunner, Heinrich, Exzellenz, Wirklicher Geheimer Rat, Professor, Berlin, Ehrenpräsident.

Dr. Freiherr von Call, Exzellenz, Oberlandesgerichtspräsident, Innsbruck.

Dr. Dorner, Oberlandgerichtspräsident, Karlsruhe.

Dr. Enneccerus, Geheimer Justizrat, Professor, Marburg.

Dr. Gierke, Otto, Geheimer Justizrat, Professor, Berlin.

Dr. Hanausek, Gustav, Professor, Graz.

D. Dr. Kahl, Geheimer Justizrat, Professor, Berlin.

Dr. Klein, Exzellenz, Justizminister a. D., Wien.

Dr. Neumann, Hugo, Justizrat, Rechtsanwalt am Kammergericht und Notar, Berlin.

Dr. Olshausen, Exzellenz, Senatspräsident a. D., Charlottenburg.

Dr. Pappenheim, Geheimer Justizrat, Professor, Kiel.

Dr. Freiherr von Pechmann, Direktor der Bayerischen Handelsbank, München.

Dr. Rießer, Geheimer Justizrat, Professor, Berlin.

Dr. von Schmidlin, Exzellenz, Staatsminister der Justiz, Stuttgart.

Dr. von Staff, Geheimer Ober-Justizrat, Landgerichtspräsident, Breslau.

Dr. von Stoesser, Präsident, Karlsruhe.

Dr. Strohal, Geheimer Hofrat, Professor, Leipzig.

Dr.. Vierhaus, Oberlandesgerichtspräsident, Wirklicher Geheimer Ober-Justizrat, Professor, Breslau.

Dr. Wildhagen, Justizrat, Rechtsanwalt am Reichsgericht, Leipzig.

Dr. Ritter von Wretschko, Alfred, Professor, Innsbruck.

Dr. Wilke, Richard, Geheimer Justizrat, Potsdam, Ehrenmitglied.

Alphabetisches Verzeichnis
derjenigen
Mitglieder des deutschen Juristentages
welche
dem Verein im Jahre 1910 angehören.

Abel, Max, Rechtsanwalt, Essen a. d. Ruhr, Bahnhofstr, 90/92.
Dr. Abitz-Schulze, Theodor, Rechtsanwalt, Cöln a. Rhein.
Dr. Abraham, Hugo, Rechtsanwalt, Notar, Bremen, Obernstr. 14.
Dr. Abraham, B., Justizrat, Rechtsanwalt beim Oberlandesgericht Kiel, Fährstr. 12.
Abraham, J., Rechtsanwalt, Notar, Justizrat, Rixdorf, Bergstr. 125.
Abrahamsohn, Rechtsanwalt, Stettin.
Dr. Abs, Joseph, Rechtsanwalt, Bonn a. Rh.
Abt, F., Justizrat, Rechtsanwalt, Colmar (Elsaß), Korngasse 8.
Adam, Rechtsanwalt, Notar, Justizrat, Danzig.
Adam, Walter, Gerichtsreferendar, Berlin W. 10, Matthäikirchstr. 6.
Adams, Hubert, Notar, Justizrat, Aachen, Wilhelmstr. 9.
Dr. Adler, Rechtsanwalt, Justizrat, Cöln a. Rh.
Dr. van Aken, Rechtsanwalt, Saargemünd.
Alberts, Notar, Crefeld, Ostwall 130.
Dr. Albrecht, Carl, Rechtsanwalt, Hamburg, Gr. Bäckerstr. 13/15.
Albrecht, Conrad, Geh. Ober-Regierungsrat und vortragender Rat an der Oberrechnungskammer, Potsdam, Eisenhartstr. 6.
Dr. Alexander-Katz, Hugo, Justizrat, Berlin W. 8, Kanonierstr. 17—20.
Dr. Alexander-Katz, Paul, Professor, Rechtsanwalt, Justizrat, Berlin W. 8, Leipzigerstr. 39.
Dr. Alexander-Katz, Rich., Rechtsanwalt, Berlin W. 35, Flottwellstr. 1.
Dr. Allfeld, Philipp, kgl. Univ.-Professor, Erlangen, Bismarckstr. 14.
Dr. Alsberg, Rechtsanwalt, Berlin NW. 23, Siegmundshof 1.
Dr. Andrée, Gerichtsassessor, Freienwalde.
Andres, Amtsrichter, St. Wendel (Bez. Trier).
Dr. Anschütz, Reinh., Rechtsanwalt, Justizrat, Leipzig, Katharinenstr. 3.
Dr. Anspacher, Luigi, Avvocato, Milano, 26 via Orifici.
Antonetty, R., Rechtsanwalt, Cöln a. Rhein, Mohrenstr. 32.
Anwaltverein, deutscher, z. H. des Herrn Rechtsanwalt Dr. Dittenberger, Leipzig, Schreberstr. 3.
Anz, Rechtsanwalt, Justizrat, Essen a. d. Ruhr, Lindenallee 65.

Dr. Apel, Erich, Admiralitätsrat, Friedenau bei Berlin, Niedstr. 39.
Dr. Apelt, Geh. Regierungsrat, Ministerialdirektor, Dresden, Wintergartenstraße 23.
Dr. Apfel, Rechtsanwalt, Berlin W. 8., Friedrichstr. 59/60.
Dr. Appel, Julius, Gerichtsassessor, Karlsruhe i. B., Kaiserstr. 34a.
Dr. Apt, Max, Professor, Berlin NW. 40, In den Zelten 9a.
Dr. Arndt, A., Geh. Rat, Professor, Königsberg i. Pr., Schönstr. 18b.
Arndt, Ludwig, Rechtsanwalt, Justizrat, Berlin N. 54, Lothringerstr. 44/45.
Arndts, Franz, Geh. Justizrat, Wilmersdorf, Kaiser-Allee 177.
Arnhold, C., Gerichtsassessor, Halle a. d. Saale, Alte Promenade 3.
Arnholz, Rechtsanwalt und Notar, Cüstrin.
Aron, Erich, Landgerichtsdirektor, Straßburg i. E., Rupprechtsauer Allee 32.
Aronius, Arthur, Rechtsanwalt, Justizrat, Berlin W. 9, Linkstr. 22.
Aronsohn, Rechtsanwalt, Bromberg.
Aronsohn, Ad., Justizrat, Berlin W. 8, Leipzigerstr. 35.
Dr. Asch, Justizrat, Posen.
Dr. Aschenheim, Willy, Rechtsanwalt, Erfurt.
Ascher, Präsident der Generalkommission für Westfalen, Wirklicher Geheimer Ober-Regierungsrat, Münster i. W.
Dr. Ascherfeld, Rechtsanwalt, Notar, Essen a. d. Ruhr, Vereinsstr. 22.
Dr. Aschrott, Paul Felix, Landgerichtsdirektor a. D., Berlin W. 10, Hildebrandtstraße 8.
Asemissen, W., Gerichtsassessor, Danzig, Frauengasse 39 I.
Dr. Aßmann, Arnold Th., Rechtsanwalt, Berlin W. 66, Mauerstr. 2.
v. Auer, Justizrat, kgl. Advocat, München, Herrenstr. 13.
Dr. Auerbach, Rechtsanwalt, Cöln a. Rh.
Dr. Auerbach, Ernst, Justizrat, Rechtsanwalt, Frankfurt a. M., Schillerstraße 22.
August, Albert, Rechtsanwalt, St. Johann a. d. Saar, Rathausplatz 5.
Averdunk, Rechtsanwalt, Justizrat, Potsdam, Hoditzstr. 3.
Axhausen, Paul, Rechtsanwalt, Leipzig, Weststr. 19b.
Axt, Rechtsanwalt, Wandsbeck.
Axster, A., Rechtsanwalt, Notar, Berlin W. 66, Wilhelmstr. 57/58.
Dr. Baasch, Ernst, Bibliothekar der Kommerz.-Bibliothek, Hamburg, Börsen-Arkaden.
Bache, N. H., Höchst-Gerichtsanwalt, Kopenhagen, Vestervoldgade 89.
Dr. Bacher, Rechtsanwalt, Amtsrichter a. D., Stuttgart, Paulinenstr. 32.
Dr. Bachert, Gustav, Rechtsanwalt, Mannheim.
Dr. jur. Badstübner, Otto, Landgerichtsrat, Stettin, Kaiser Wilhelmstr. 76.
Bak, Arthur, Banksyndicus, Gerichtsassessor a. D., Zoppot, Charlottenstr. 15.
Dr. Ball, Ernst, Rechtsanwalt, Justizrat, Berlin W. 35, Potsdamerstr. 50.
Dr. Ballhorn, Friedrich, Rechtsanwalt, Berlin N. 4, Chausseestr. 130.
Dr. Bamberg, Hugo, Rechtsanwalt, Berlin NW. 64, Behrenstr. 22.
Dr. v. Bar, L., Geh. Justizrat, Prof., Göttingen, Herzberger Chaussee 25.
Baehr, Rechtsanwalt, Reinbeck i. H.
Dr. Baer, M. H., Justizrat, Frankfurt a. Main, Börsenstr. 15.
Dr. Baer, M., Rechtsanwalt, Coburg, Spitalgasse 4.

Dr. Barban, H., Rechtsanwalt, Leipzig, Nicolaistr. 10.
Barchewitz, Landgerichtsdirektor, Potsdam, Augustastr. 37.
Bartel, Justizrat, Saargemünd.
Dr. Bartels, Regierungsrat a. D., Director der Schlesischen Treuhand-Vermögensverwaltungs-Actien-Gesellschaft, Breslau V., Neue Schweidnitzerstraße 4, I.
Bartning, Adolf, Rechtsanwalt, Hamburg, Gr. Bäckerstr. 15.
Baerwald, Justizrat, Bromberg, Theaterplatz 3.
Bärwinkel, M. F., Rechtsanwalt, Leipzig, Brühl 23.
Dr. de Bary, Justizrat, Rechtsanwalt, Notar, Frankfurt a. Main, Bahnhofstraße 2.
Baschmann, Referendar, Bielefeld.
Bauer, Siegfried, Oberamtsrichter, Ueberlingen a. Bodensee, Amtsgerichtsgebäude.
Bauer, Jakob, Rechtsanwalt, Justizrat, Berlin N. 24, Oranienburgerstr. 48/49.
Bauer, Chr., Rechtsanwalt, Freiburg i. B.
Bauer, C., Staatsanwalt, Ravensburg.
Baumann, Rechtsanwalt, Danzig.
Dr. Baumert, Rechtsanwalt, Notar, Justizrat, Spandau, Potsdamerstr.
Becher, Fr., Rechtsanwalt, München, Färbergraben 4.
Dr. Becherer, W., Rechtsanwalt, Berlin W. 8, Mauerstr. 37.
Bechtel, Jakob, Landgerichtsrat a. D., Wiesbaden, Kaiser Friedrich Ring 86 (per Adr. Oberstleutnant a. D. Th. v. Both).
Dr. Becker, Robert, Rechtsanwalt, Justizrat, Düsseldorf.
Becker, Georg, Rechtsanwalt, Berlin NO. 18, Große Frankfurterstr. 102.
Dr. jur. Beckmann, Wilhelm, Landrichter, Cöln-Marienburg, Mehlemerstraße 6.
Dr. Beer, E., Rechtsanwalt, Berlin W. 64, Behrenstr. 24.
Dr. Beer, Max, Rechtsanwalt, Notar, Justizrat, Berlin-Steglitz, Albrechtstraße 12.
Behrend, Felix, Rechtsanwalt, Berlin NW. 21., Turmstr. 4.
Behrendt, Justizrat, Danzig.
Behrendt, Rechtsanwalt, Notar, Neustadt W.-Pr.
Behrendt, Severin, Rechtsanwalt, Berlin W. 9., Potsdamerstr. 19 I.
Beier, Geh. Justizrat, Landgerichtsdirektor, Breslau, Goethestr. 16.
Dr. Benckiser, Landgerichtsrat, Karlsruhe i. B.
Bender, Rechtsanwalt, Karlsruhe i. B., Kaiserstr. 197.
Bender, Notar, Karlsruhe i. B.
Benfey III, Rechtsanwalt, Hannover.
Dr. Benkard, Georg, Rechtsanwalt, Frankfurt a. M., Börsenstr. 11.
Benwitz, Amtsrichter, Marienburg.
Dr. Berbig, M., Rechtsanwalt, Berlin W. 8, Friedrichstr. 78.
Berendes, Reichsgerichtsrat, Leipzig, Kaiser Wilhelmstr. 59.
Berger, Julius, Justizrat, Leipzig, Nicolaistr. 6.
Dr. Béringuier, Richard, Amtsgerichtsrat, Berlin W. 62, Nettelbeckstr. 21.
Dr. Berndt, Rechtsanwalt, Stettin, Breitestr. 6, I.
Dr. Bernheim, Heinrich, Rechtsanwalt, Mannheim.

Berni, Landgerichtsrat, Karlsruhe i. B., Vorholzstr. 46.
Bernstein, Rechtsanwalt, Danzig, Langgasse 68 I.
Dr. Bernstein, Wilh., Justizrat, Berlin NW. 7, Dorotheenstr. 65/66.
Dr. Beseler, Justizminister, Berlin W. 64, Wilhelmstr. 65.
Dr. Bettziech, Rechtsanwalt, Altenburg, S./A.
Dr. Bickel, Fritz, Rechtsanwalt, Wiesbaden, Adelheidstr. 23.
Dr. Bielefeld, R., Rechtsanwalt, Karlsruhe i. B., Kaiserstr. 187.
Bielewicz, Justizrat, Danzig, Karrenwall 9.
Bielschowsky, Justizrat, Breslau V., Gartenstr. 48.
Dr. Bielschowsky, Rechtsanwalt, Berlin O. 27, Alexanderstr. 39/40.
D. Dr. Bierling, Geh. Justizrat, Professor, Greifswald.
Dr. Biermiann, Professor, Gießen.
Dr. Biermann, Franz, Rechtsanwalt, Hamm i. W., Hohestr. 70.
Dr. Binder, J., Professor, Erlangen.
Dr. Binding, Karl, Geheimrat, Professor, Leipzig, Bismarckstr. 6.
Dr. Bing, Rechtsanwalt, Cöln a. Rh., Spichernstr. 22.
Bing, Max, Rechtsanwalt, München, Thal 67 II.
Dr. Binswanger, Rechtsanwalt, Justizrat, Augsburg, Volkhartstr. 6.
Dr. Binting, Rechtsanwalt, Landsberg i. W.
Dr. Binz, Rechtsanwalt, Karlsruhe i. B.
Dr. Birkmeyer, Geh. Hofrat, Professor, München, Osterwaldstr. 95.
Bitta, R. A., Justizrat, Generaldirektor, Neudeck in Oberschlesien.
Dr. Bitter, Rechtsanwalt, Notar, Justizrat, Kiel.
Bittner, Landrichter, Stettin, Derfflingerstr. 1.
Blanckmeister, Landgerichtsdirektor, Greifswald.
Blaschkauer, Rudolf, Rechtsanwalt, Berlin W. 8, Kronenstr. 16.
Dr. Bleicher, Landgerichtsrat, Karlsruhe i. B., Kriegstr. 47b.
Blobel, Victor, Referendar, Hamburg, Holstenwall 3/5.
Dr. Bloch, Arthur, Rechtsanwalt, Pforzheim.
Dr. Bloch I, Eduard, Rechtsanwalt, München, Briennerstr. 4.
Dr. Blum, B., Rechtsanwalt, Mannheim C., 33.
von Blum, Gerichtsassessor, Danzig.
von Blume, Universitätsprofessor, Halle a. S., Fasanenstr. 3.
Blumenthal, Rechtsanwalt, Culm.
Bock, Rechtsanwalt, Justizrat, Kiel, Holstenbrücke 4.
Bock, Rechtsanwalt, Magdeburg.
Boeckh, M., Rechtsanwalt, Karlsruhe i. B.
Dr. Boeckel, Fritz, Rechtsanwalt, Jena.
Bockelmann, Justizrat, Kiel, Holstenstr. 9.
Bodenheimer, Rechtsanwalt, Darmstadt, Bismarckstr. 81.
Dr. Bodenstein, Regierungsassessor, Essen-Ruhr, Friedrichstr. 2.
Dr. Bogeng, G. A. E., Berlin W. 30, Rosenheimerstr. 17.
Bohm, Amtsgerichtsrat, Hannover, Steinriede 7.
Boehm, Rechtsanwalt, Justizrat, Berlin W. 57, Potsdamerstr. 60.
Bojunga, Geh. Justizrat, Rechtsanwalt, Notar, Hannover.
Dr. Bondi, Felix, Justizrat, Rechtsanwalt, Notar, Dresden, Johann Georgen-Allee 9.

Bonné, E., Rechtsanwalt, Baden-Baden, Gernsbacherstr. 32.
Bonzel, Rechtsanwalt. Notar, Dortmund, Osterhellweg 61.
Dr. Borinski, Rechtsanwalt, Berlin W. 8, Mohrenstr. 16.
Boschau, Kammergerichtsrat, Groß-Lichterfelde-West, Karlstr. 10.
Dr. Boethke, Kammergerichtsrat, Berlin W. 57, An der Apostelkirche 1.
Boetzow, 1. Staatsanwalt, Koeslin.
Dr. Bovensiezen, Amtsrichter, Löbau, W.-Pr.
Boy, Landgerichtsrat, Langfuhr-Danzig, Baumbachallee 16a.
Boyens, E., Geheimer Justizrat, Leipzig.
Dr. Brackenhoeft, Ed., Rechtsanwalt, Hamburg 36, Gr. Bleichen 5.
Dr. Brackenhoeft, Octavio, Rechtsanwalt, Hamburg, Gr. Bleichen 5.
Brandau, Referendar, Kiel.
Brandes, Bürgermeister, Glückstadt.
Brauer, Justizrat, Rechtsanwalt, Notar, Cosel i. Ob.-Schl.
Dr. Braun, Geheimer Justizrat, Rechtsanwalt, Berlin W. 64, Behrenstr. 3.
Braun, Geh. Justizrat, Danzig.
Braun, P., Rechtsanwalt, Metz, Wachtstr.
Brejski, Rechtsanwalt, Danzig, Hundegasse 22.
Dr. Breit, James, Rechtsanwalt, Dresden, Elisenstr. 10.
Brennecke, Carl, Senatspräsident, Berlin-Charlottenburg, Windscheidstr. 10.
Breslauer, Bernhard, Justizrat, Berlin C. 2, Kaiser Wilhelmstr. 3.
Breslauer, M., Justizrat, Rechtsanwalt, Notar, Breslau V., Tauenzienstraße 14 I.
Dr. Brink, L., Justizrat, Notar, Mayen i. Rhld.
Dr. Britze, Rechtsanwalt, Zwickau i. S., Moritzgrabenweg 7.
Dr. Brock, Rechtsanwalt, Justizrat, Berlin N. 4, Chausseestr. 123.
Dr. Brodnitz, Georg, Professor, Halle a. S., Reichardstr. 17.
Dr. Brodnitz, Rechtsanwalt, Berlin SW. 68, Zimmerstr. 21.
Dr. Brodnitz, Rechtsanwalt, Danzig, Jopengasse 53 I.
Brown, Albert, Landgerichtsrat a. D., Charlottenburg, Grolmanstr. 36.
Bruck, Georg, Rechtsanwalt, Justizrat, Berlin W. 66, Mauerstr. 68.
Brückelmeier, Rechtsanwalt, Leipzig.
Dr. Brückmann, W., Rechtsanwalt, Berlin SW. 61, Blücherstr. 7.
Dr. Brückmann, Arthur, Rechtsanwalt, Berlin W. 35, Potsdamerstr. 118.
Brühl, Justizrat, Berlin C. 2, Burgstr. 28.
Dr. Brunner, Wirklicher Geheimer Rat, Exzellenz, Professor, Berlin W. 62, Lutherstr. 36.
Dr. Bruns, Victor, Professor, Genf-Champel, Chemin Dumas 13.
Brunswig, H., Rechtsanwalt, Notar, Neustrelitz.
Brzezinski, Rechtsanwalt, Justizrat, Königsberg i. Pr., Junkerstr. 13/14.
Buch, Geh. Ober-Regierungsrat, Karlsruhe i. B.
Dr. Bumke, Landrichter, Danzig-Langfuhr, Johannisthal 1p.
Dr. Burchard, Referendar, Danzig.
Dr. Burchard, Joh., Professor der Kgl. Akademie, Posen, Neue Gartenstr. 51.
Burbach, Max, Oberlandesgerichtsrat, Königsberg i. Pr., Hintertragheim 17.
Bürgerle, Landrichter, Konitz.
Burger, Heinrich, Rechtsanwalt, München, Kaufingerstr. 34 I.

Burger, Alfred, Gerichtsassessor, Karlsruhe i. B., Hirschstr. 32.
Burghardt, Geh. Ober-Justizrat, vortragender Rat im Justizministerium, Charlottenburg, Berlinerstr. 23.
Burgheim, Paul, Rechtsanwalt, Notar, Justizrat, Minden (Westfalen).
Burkhard, Rechtsanwalt, Erfurt, Regierungsstr. 72.
Busch, Justizrat, Tilsit.
Busch, Louis, Reichsgerichtsrat, Leipzig.
Buzengeiger, Landgerichtsrat, Karlsruhe i. B., Akademiestr. 69.
Bykinski, Felix, Rechtsanwalt, Karlsruhe i. B., Kaiserstr. 183.
Caesar, R., Geheimer Justizrat, Homburg v. d. Höhe.
Cahen II, Albert, Rechtsanwalt, Cöln, Kattenbug 19.
Cahen, Ludwig, Rechtsanwalt, Cöln a. Rh., Hildeboldplatz.
Dr. Cahn, Geh. Legationsrat, Berlin W. 12, Maienstr. 5.
Dr. Cahn, Hugo, Rechtsanwalt, Nürnberg, Hefnersplatz 10.
Dr. van Calker, Professor, Straßburg i. E.
Dr. Callmann, Max, Rechtsanwalt, Justizrat, Cöln a. Rh., Gereonshof 35.
Canditt, Gerichtsassessor, Danzig, Vogtgraben 10.
Dr. Cannedt, Carl, Rechtsanwalt, Notar, Berlin SW. 11, Anhaltstr. 12.
Dr. Cantor, O., Rechtsanwalt, Karlsruhe i. B.
Caro, Richard, Rechtsanwalt, Berlin C. 2, Stralauerstr. 3/6.
Carstens, Rechtsanwalt, Notar, Cottbus, Bahnhofstr. 19.
Casper, Rechtsanwalt, Danzig, Hundegasse 46.
Dr. D. E. Castorchis, Privatdozent an der Universität, Athen, Palace-Hotel.
Chodziesner, L., Rechtsanwalt, Berlin C. 2, Kaiser Wilhelmstr. 49.
Chodziesner, Max, Rechtsanwalt, Berlin NW 7, Unter den Linden 42.
Chodziesner, Siegfried, Rechtsanwalt, Charlottenburg, Berlinerstr. 121,I.
Dr. Chormann, Reinhard, Rechtsanwalt, Justizrat, Mülhausen i. E., Hoffnungstr. 9.
Dr. Cillis, Rechtsanwalt, Justizrat, Bonn, Wilhelmstr. 4.
Citron, Justizrat, Danzig.
Claasen, Geh. Ober-Regierungsrat und vortragender Rat in der Oberrechnungskammer, Potsdam, Jäger-Allee 16.
Dr. Claasen, Rechtsanwalt, Justizrat, Cöln, Apernstr. 19.
Clément, Edward, Landrichter, Magdeburg-Sudenburg, Westendstr. 31.
Dr. Cohen, Otto, Oberlandesgerichtsrat, Hamburg, Leinpfad 66.
Dr. Cohen, Max, Rechtsanwalt, Hamburg, Stadthausbrücke 43 I.
Dr. Cohn, Martin, Rechtsanwalt, Berlin W. 10, Corneliusstr. 5.
Cohn I, Justizrat, Berlin W. 8, Jägerstr. 20.
Dr. Cohn, Ludwig, Geheimer Justizrat, Breslau, Agnesstr. 1 II.
Cohn, Amtsgerichtsrat, Geh. Justizrat, Breslau, Goethestr. 16 II.
Dr. Cohn, Amtsgerichtsrat, Cöln a. Rh., Lochnerstr. 12/14.
Dr. Cohn, Georg, Professor, Zürich V., Carmenstr. 18.
Dr. Cohn, Ignatz, Rechtsanwalt, Berlin N. 54, Alte Schönhauserstr. 5.
Cohn, Louis, Rechtsanwalt, Notar, Justizrat, Berlin N. 54, Brunnenstr. 25.
Dr. Cohn, Oskar, Rechtsanwalt, Berlin C. 25, Landsbergerstr. 58.
Dr. Cohn, L., Rechtsanwalt, Bremen, Markt 15.

Dr. Cohn, Rechtsanwalt, Dessau, Kavalierstr. 8.

Cohn, Georg, Rechtsanwalt, Notar, Justizrat, Tilsit.

Cohn, Eugen, Rechtsanwalt, Charlottenburg, Kantstr. 123.

Correll, Albert, k. Oberlandesgerichtsrat, Nürnberg.

Dr. jur. Cosmann, Essen a. d. Ruhr (Adresse: Th. Goldschmidt, Literar-Abtlg.).

Dr. Cramer, Rechtsanwalt, Bielefeld, Gütersloherstr. 9a.

Crome, Paul, Rechtsanwalt, Justizrat, Berlin SW. 61, Belle-Alliancestr. 91.

Dr. Crome, Carl, Professor, Bonn, Kaiserstr. 61.

Dr. Crusen, Kaiserl. Oberrichter, Tsingtau (Kiautschau).

Daehnke, Amtsrichter, Mehlauken.

Daehnhardt, Chr. W., Rechtsanwalt, Notar, Hadersleben (Schleswig).

Danielcik, Kammergerichtsrat, Geh. Justizrat, Berlin W. 30, Victoria Louisenplatz 1, I.

Dr. Danziger, Jacques, Rechtsanwalt, Berlin W. 8, Leipzigerstr. 98.

Danziger, Max, Rechtsanwalt, Berlin C. 25, Alexanderstr. 71.

Dr. Danziger I, N., Rechtsanwalt, Berlin C. 2, Molkenmarkt 12/13.

Danziger, Rechtsanwalt, Notar, Brieg (Bez. Breslau).

Dr. Darmstaedter, Rechtsanwalt, Mannheim.

Daus, J., Justizrat, Altona (Elbe).

David, Hugo, Rechtsanwalt, Frankenthal (Pfalz).

Dr. Davidsohn, Leo, Rechtsanwalt, Berlin N. 4, Chausseestr. 8.

Davidsohn, Willy, Rechtsanwalt, Justizrat, Hildesheim.

Debolph, Justizrat, Rechtsanwalt, Notar, Cottbus.

Dr. Degen, Oberlandesgerichtsrat, Dresden, Dürerstr. 116.

Dr. Deiß, Justizrat, Leipzig, Bismarckstr. 2.

Dr. Delaquis, E., Privatdozent, Berlin-Wilmersdorf, Helmstedterstr. 2.

Delbrück, Geh. Oberregierungsrat, Gr. Lichterfelde, Sternstr. 15.

Dr. Delius, Kammergerichtsrat, Berlin W. 50, Schaperstr. 32.

Dr. Demler, Kgl. Notar, München.

Dr. Deneke, Rechtsanwalt, Göttingen.

Dr. Detmold, Georg, Professor, Göttingen.

Dettmar, Landgerichtsdirektor, Essen (Ruhr), Lortzingstr. 6.

Dr. Deutschmann, Landgerichtsrat, Danzig-Langfuhr, Hauptstr. 6.

Dr. Dickel, Karl, Gerichtsrat, Professor, Charlottenburg, Knesebeckstr. 22.

Dr. Dickel, Kammerrat, Wernigerode.

Dierks, Geheimrat, Justizrat, Danzig, Langgarten 86/87.

Dietz, Kriegsgerichtsrat, Rastatt.

Dietz, Reichsanwalt, Leipzig, Kaiser Wilhelmstr. 64. c

Dr. Dietz, E., Rechtsanwalt, Karlsruhe i. B.

Dietz, G., Rechtsanwalt, Mülhausen i. E., Altkirchenstr. 33.

Dietrich, Rechtsanwalt, Justizrat, Prenzlau.

Dr. Dittenberger, Heinrich, Rechtsanwalt, Halle a. S., Bruderstr. 11.

Dr. jur. et phil. Dochow, Franz, Privatdozent der Rechte, Heidelberg, Ziegelhauser Landstr. 59.

Dr. jur. Dohna, Alexander Graf, Professor, Königsberg i. Pr.

Dr. Doelter, August, Oberlandesgerichtsrat, Karlsruhe i. B., Helmholtzstr. 13.

Donnevert, Max, Rechtsanwalt, Metz, Bankstr. 7.
Dorendorf, Rechtsanwalt, Notar, Justizrat, Magdeburg, Kaiserstr. 25.
Doermer, Rechtsanwalt, Elberfeld.
Dr. Dormitzer I, S., Rechtsanwalt, Nürnberg.
Dr. Dorner, E., Oberlandesgerichtspräsident, Karlsruhe i. B., Reifstahlstr. 4.
Dorsch, L., Rechtsanwalt, Fürth, Königswarterstr. 8.
Dorst, Franz, Justizrat, Notar, Köln a. Rhein, Norbertstr. 26.
Dove, Heinrich, Landgerichtsrat a. D., Berlin W. 10, Friedrich Wilhelmstr. 10.
Drescher, Carl, Rechtsanwalt, Schweinfurt.
Dr. Dresdner, Emanuel, k. k. Oberlandesgerichtsrat, Lemberg.
Drewes, Amtsrichter, Stettin, Moltkestr. 19.
Dr. Dreyfuß, Ed., Rechtsanwalt, Mülhausen i. E., Sinnestr. 49.
Dronke, Ernst, Kammergerichtsrat, Mitglied der Justizprüfungskommission, Berlin-Wilmersdorf, Pfalzburgerstr. 17.
Drucker, Rechtsanwalt, Leipzig.
Dr. Drucker, Martin, Rechtsanwalt, Justizrat, Leipzig, Ritterstr. 1 II.
Dr. Dührenheimer, Rechtsanwalt, Mannheim B 4, 1.
Dümling, P., Rechtsanwalt, Durlach.
Dümmler, Rechtsanwalt, Justizrat, Mülhausen i. E.
Dünkelsbühler, Alexander, Rechtsanwalt, München, Dienerstr. 10 II.
Düring, Landgerichtsrat, Danzig-Langfuhr, am Johannisberg 2.
Dr. Düringer, A., Reichsgerichtsrat, Leipzig, Kaiser Wilhelmstr. 51.
Dürr, Reichsgerichtsrat, Leipzig.
Ebermayer, R., Reichsgerichtsrat, Leipzig, Hilterstr. 5.
Dr. Ebers, Privatdozent, Breslau IX, Domplatz 12.
Dr. Ebert, Senatspräsident, Königsberg i. Pr.
Eckert, L., Landgerichtsrat, Hirschberg i. Schl.
Dr. Eddelbüttel, F., Rechtsanwalt, Hamburg, Gr. Bleichen 12.
Dr. Eder, Carl, Rechtsanwalt, Mannheim.
Edzard, C., Rechtsanwalt, Notar, Bremen, Obernstr. 22/24.
Dr. Eger, Rechtsanwalt, Berlin W. 8, Markgrafenstr. 35.
Egger, Professor, Zürich V, Sprengenbühl 23.
Dr. Ehlers, Rechtsanwalt, Kiel, Beseler Allee 31.
Dr. Ehrenberg, Universitätsprofessor, Göttingen.
Ehrlich, Max, Justizrat, Berlin W. 8, Taubenstr. 16/18.
Dr. Ehrlich, Rechtsanwalt, Tilsit.
Eichelbaum, Julius, Reichsgerichtsrat, Leipzig, Ferdinand Rhodestr. 22.
Dr. Eichholz, M., Rechtsanwalt, Hamburg 36, Königstr. 15/19.
Dr. Eickhoff, Justizrat, Rechtsanwalt bei dem Reichsgericht, Leipzig, Marienstraße 11.
Dr. Eifert, Hermann, Rechtsanwalt, Berlin S.W. 61, Blücherplatz 2.
Eisele, A., Rechtsanwalt, Ellwangen.
Dr. Eisemann, Max, Rechtsanwalt, Nürnberg, .
Eisenmann, Justizrat, Berlin N. 4, Chausseestr. 10.
Eisenstädt, Rechtsanwalt, Berlin W. 8, Friedrichstr. 181.
Dr. Eisenstädt, Alfred, Rechtsanwalt, Berlin S.W. 68, Zimmerstr. 16/17.
Eisenzimmer, A., Rechtsanwalt, Mülhausen i. E., Hoffnungstr. 17.

Elsner, Stadtrechtsrat, Baden-Baden.
Dr. Ellenbogen, J., Rechtsanwalt, Karlsruhe i. B., Kaiserstr. 94.
Dr. Eller, Landgerichtsdirektor, Karlsruhe i. B.
Dr. Ellstätter, Carl, Justitiar, Beuthen, Parkstr. 2.
Dr. Elsässer, Senatspräsident, Stuttgart, Olgastr. 6.
Elsbach, Rechtsanwalt, Berlin W. 64, Behrenstr. 48.
Elsperger, W., Landgerichtspräsident a. D., Hof in Bayern.
Dr. Eltzbacher, Paul, Professor, Grunewald, Beymestr. 7.
Elze, Curt, Justizrat, Halle a. d. Saale, Rathausstr. 6 I.
Enderlein, E., Justizrat, Kgl. Advokat, Rechtsanwalt, Ansbach.
Engel, Amtsgerichtsrat, Danzig-Langfuhr, am Johannisberg 2 I.
Engel, J., Landgerichtspräsident, Hamburg-Hohenfelde, Eilenau 34.
Dr. Engelhardt, Richard, Gr. Oberamtsrichter, Karlsruhe i. B., Vorholzstraße 35.
Dr. Engler, K., Oberamtsrichter, Ettlingen.
Dr. Enneccerus, Geh. Justizrat, Professor, Direktor des juristischen Seminars, Marburg i. H.
Dr. Enneccerus, Geh. Justizrat, Professor, Marburg i. H.
Dr. Enzmann, Otto, Ober-Justizrat, Dresden-Blasewitz, Südstr. 2.
Dr. Ephraim, Martin, Rechtsanwalt, Frankfurt a. Main.
Dr. Epstein, Emil, Rechtsanwalt, Augsburg.
Dr. Epstein, Gotthardt, Justizrat, Breslau, Neue Schweidnitzerstr. 1.
Erichsen, Sophus, Rechtsanwalt, Notar, Hadersleben i. Schleswig.
Dr. Erlanger, Michael, Rechtsanwalt, Nürnberg, Karolinenstr. 22, I.
Dr. Erlanger, Rechtsanwalt, Stuttgart, Tübingerstr. 14 A I.
Dr. Erythropel, Geheimer Justizrat, Leipzig.
Dr. Esche, Arthur, a. o. Professor für Staats- und Rechtskunde an der technischen Hochschule, Dresden,16, Kommeniusstr. 22.
Eschenbach, August, Rechtsanwalt, Berlin SW. 48, Enkeplatz 3.
Esser, Robert, Geheimer Justizrat, Cöln a. Rh., am Hof 20.
Dr. Eulitz, Max, Rechtsanwalt, Justizrat, Dresden, Ringstr. 25.
Dr. Eyck, Erich, Rechtsanwalt, Berlin W. 9, Köthenerstr. 31.
Dr. Faber, Landrichter, Stuttgart, Alexanderstr. 17.
Fabian, Justizrat, Danzig.
Dr. Fahle, Rechtsanwalt, Münster i. W., Alter Steinweg 5.
Fahle, Norbert, Rechtsanwalt, Notar, Justizrat, Posen.
Falk, Rechtsanwalt, Cöln a. Rhein.
Falkenbach, Justizrat, Merzig.
Fassian, Amtsrichter, Tiegenhof.
Dr. Fecht, Hermann, Regierungsassessor, Karlsruhe i. B., Mathystr. 8.
Feilchenfeld I, Daniel, Rechtsanwalt, Berlin W. 8, Markgrafenstr. 62.
Dr. Antoine-Feill, H. N., Rechtsanwalt, Hamburg, Adolphsbrücke 4, Börsenhaus.
Dr. Feisenberger, Staatsanwalt, Magdeburg, Kaiser Otto Ring 17.
Dr. Feist, Walther, Rechtsanwalt, Mannheim.
Feist, Richard, Amtsrichter a. D., Freiburg i. Br., Schöneckstr. 6.
Dr. Felsmann, Landgerichtspräsident, Konitz, Westpreußen.

Dr. Fester, Hans, Rechtsanwalt, Frankfurt a. M., Stiftstr. 27.
Fiebler, C., Rechtsanwalt, Notar, Lehe, Hafenstr. 114.
Dr. Finger, August, Geh. Justizrat, ord. Universitätsprofessor, Halle a. S., Reichardtstr. 2.
Dr. Fischer, Otto, Geheimer Justizrat, Oberlandesgerichtsrat, Professor, Breslau, Monhauptstr. 3.
Fischer, Kammergerichtsrat, Wilmersdorf b. Berlin, Augustastr. 65.
Dr. Fischer, Robert, Rechtsanwalt, Augsburg, Maximilianstr. 9/10.
Dr. Fischer, Hans Albrecht, Univ.-Professor, Giessen, Westanlage 50.
Fischer, Julius, Rechtsanwalt, Karlsruhe i. B., Kaiserstr. 160.
Fitzau, Rechtsanwalt, Diedenhofen.
Dr. Fitzler, Kammergerichtsrat, Berlin W. 15, Bregenzerstr. 4.
Dr. Flad, Friedrich, Landgerichtsrat, Karlsruhe i. B., Maximilianstr. 2.
Flater, Amtsgerichtsrat, Danzig, Straußgasse 11.
Dr. Flechtheim, Rechtsanwalt, Cöln a. Rh.
Dr. Fleck, Otto, Amtsgerichtsrat, Düsseldorf, Götheſtr. 12.
Fleischer, M., Rechtsanwalt, Konitz, Westpreußen.
Fleischer, Rechtsanwalt, Berlin C., 25 Dircksenstr. 24.
Dr. Fleischer, Arthur, Rechtsanwalt, Justizrat, Wiesbaden, Oranienstr. 13.
Dr. Fleischmann, Max, Univ.-Professor, Amtsrichter, Halle a. S., Ulestr. 10
Fließ, Rechtsanwalt, Notar, Justizrat, Fraustadt.
Fließ, Rechtsanwalt, Notar, Stettin, Schützenstr. 33/34.
Dr. Fontheim, Georg, Rechtsanwalt, Berlin W. 8, Mohrenstr. 41.
Dr. Foret, R., Rechtsanwalt, Metz, Esplanadenstr. 2.
Foehring, Curt, Rechtsanwalt, Notar, Justizrat, Halle a. S., gr. Steinstr. 75.
Dr. Förtsch, Senatspräsident am Reichsgericht, Leipzig, Albertstr. 32.
Dr. Frank, Reinh., Professor, Tübingen.
Frank, Eduard, Rechtsanwalt, Konstanz, Rosgartenstr.
Dr. Frank, Ludwig, Rechtsanwalt, Mannheim.
Francke, Fritz, Rechtsanwalt, Danzig, Hundegasse 94.
Francke, W. Ch., Oberlandesgerichtsrat a. D., Hannover, Bödekerstr. 10.
Dr. Fraenkel, Herbert, Rechtsanwalt, Berlin C. 25, Dirksenstr. 46.
Dr. Fraenkel, Walter, Rechtsanwalt, Berlin C. 19, Gertraudenstr. 18/19.
Frankenburger I, L., Rechtsanwalt, Nürnberg, Carolinenstr. 1.
Franzen, E., Rechtsanwalt, Notar, Justizrat, Kiel, Lange Reihe 11.
Dr. Freese, I. Staatsanwalt, Nordhausen, Stolbergerstr. 11.
Frege, I. Staatsanwalt, Geh. Justizrat, Liegnitz, Neue Goldbergerstr. 10.
Frenkel, Paul, Justizrat, Leipzig, Katharinenstr. 29.
Dr. Freudenthal, Professor, Frankfurt a. M., Park 72/73.
Freund, Ludwig, Rechtsanwalt, Mannheim.
Dr. Freund, Geh. Justizrat, Breslau I, Zwingerplatz 1.
Frey, Rechtsanwalt, Karlsrnhe i. B., Waldstr. 8.
Frey, Rechtsanwalt, Siegen.
Freytag, Otto Emil, Rechtsanwalt, Leipzig, Nicolaistr. 17.
Friedberg, Geh. Rat, Professor, Leipzig, Karl Tauchnitzstr. 43.
Friedberg, Landgerichtspräsident, Hannover.
Dr. Friedberg, L., Rechtsanwalt, Karlsruhe i. B.

Dr. Friebe, Hugo, Rechtsanwalt, Hamburg, Gr. Theaterstr. 12.
Dr. Friebeberg, Edmund, Amtsgerichtsrat, Weißensee, Albertinenstr. 19.
Dr. Friedemann, Edmund, Justizrat, Berlin W. 35, Potsdamerstr. 36.
Friedenthal, Ernst, Justizrat, Breslau V, Museumstr. 11.
Dr. Friedenthal, Felix, Rechtsanwalt, Berlin W. 62, Kurfürstenstr. 83.
Friederich, Heinrich, Rechtsanwalt, Bad Dürkheim.
Friedlaender, Max, Amtsgerichtsrat, Berlin-Wilmersdorf, Holsteinische Straße 31 a.
Dr. Friedlaender, Georg, Bankdirektor, Justizrat, Berlin W. 64, Wilhelmstr. 71.
Friedlaender, Rechtsanwalt, Bromberg.
Dr. Friedlaender, Carl Erich, Rechtsanwalt, Berlin S.W. 11, Anhaltstr. 12.
Friedlaender, Fr., Justizrat, Berlin W. 35, Lützowstr. 46.
Friedlaender, Leo, Rechtsanwalt, Berlin SW. 68, Kochstr. 60, Justizrat.
Dr. Friedlaender, Rechtsanwalt, Notar, Lublinitz, Ob.-Schl.
Dr. Friedlaender, Max, Rechtsanwalt, München, Fluggenstr. 7.
Dr. Friedleben, Fritz, Geheimer Justizrat, Frankfurt a. M.
Friedmann, Justizrat, Glogau, Wilhelmplatz.
Dr. Friedmann, Rechtsanwalt, Karlsruhe i. B., Kaiserstr. 141.
Dr. jur. Friedmann, Alfred, Berlin-Grunewald, Hubertusstr. 36.
Friedmann, Leonhard, Rechtsanwalt, Berlin W. 8, Kronenstr. 75.
Dr. jur. Friedrichs, Carl, Rechtsanwalt, Düsseldorf, Gartenstr. 46.
Dr. Frisch, Hans, Ritter von, Professor, Basel i. Schw., Utengasse 5.
Fritze, Geh. Oberjustizrat, Berlin W. 62, Wormserstr. 11.
Froehlich, Stephan, Justizrat, Notar, Cöln a. Rh., Richmondstr. 4.
Froehlich, Rechtsanwalt, Danzig, Hundegasse 117.
Fromherz, Peter, Landgerichtsrat, Mosbach.
Fromm, Bruno, Kammergerichtsrat, Geh. Justizrat, Berlin W. 30, Speyererstr. 1.
Dr. Fromme, Justizrat, Halberstadt.
Dr. Frommhold, Georg, Professor, Greifswald.
Frowein, Oberverwaltungsgerichtsrat, Berlin W. 15, Kurfürstendamm 20.
Frühauf, Rechtsanwalt, Karlsruhe i. B., Kaiserstr. 215.
Dr. Fuchs, Eugen, Justizrat, Berlin W. 35, Potsdamerstr. 39 a.
Fuchs, Eugen, Rechtsanwalt, Berlin W. 8, Jägerstr. 19.
Fuchs I, Max, Justizrat, Berlin W. 9, Potsdamerstr. 13.
Fuchs, Amtsgerichtsrat, Danzig-Langfuhr, Johannisthal 22.
Fuchs, Ernst, Rechtsanwalt, Karlsruhe i. B., Moltkestr. 17.
Dr. Führ, Amtsrichter, Konitz, Westpreußen.
Dr. Fuhrmann, Landrichter, Greifswald, Steinbeckstr. 40.
Dr. Fuld, L., Rechtsanwalt, Justizrat, Mainz, Heidelberger Faßgasse 11.
Dr. Fürst, Rud., Rechtsanwalt, Fiskalanwalt, Heidelberg, Theaterstr. 11.
Dr. Fürst, Friedrich, Rechtsanwalt, Karlsruhe i. B.
Gaebel, E., Rechtsanwalt, Notar, Schneidemühl.
Gadebusch, Landrichter, Berlin N.W. 52, Thomasiusstr. 2.
Dr. Gaitzsch, Rechtsanwalt, Notar, Chemnitz (Sachsen), Theaterstr. 84.
Dr. Gallinger, Rechtsanwalt, Nürnberg.
Gaenßler, Albert, Justizrat, München, Brennerstr. 9/10.

Dr. Ganz, S., Rechtsanwalt, Professor, Leipzig, Bismarckstr. 12.
Gaettens, R., Amtsgerichtsrat, Rostock i. M.
Gebhardt, Rechtsanwalt, Notar, Justizrat, Frankfurt a. O.
Gehestiftung, Dresden, Kleine Brüdergasse 21.
Dr. Gehrke, Max, Rechtsanwalt, Frankfurt a. M., Schillerstr. 5.
Gehrmann, Amtsgerichtsrat, Danzig, Am Jacobstor 13.
Dr. Geiershoefer, Rechtsanwalt, Nürnberg.
Dr. Geiger, Alfred, Rechtsanwalt, Frankfurt a. M., Schillerstr. 22.
Dr. Geiger, Berthold, Geh. Justizrat, Frankfurt a. M., Schillerstr. 22.
Geiler, K., Rechtsanwalt, Mannheim.
Geißler, Oberjustizrat, Freiberg i. S.
Gentil, J., Rechtsanwalt, Mannheim.
Dr. Gerhard, Rechtsanwalt, Mannheim.
Gerhardt, Stephan, Justizrat, Berlin W. 66, Wilhelmstr. 90.
Dr. Gerland, Professor, Jena.
Geschke, Justizrat, Berlin W. 8, Jägerstr. 19.
Geselbracht, Rechtsanwalt, Notar, Justizrat, Dortmund.
Dr. Gerson, Rechtsanwalt, Justizrat, Berlin W. 9, Friedrichstr. 76.
Gessele, O., Rechtsanwalt, Memmingen.
Gessler, Ministerialrat, Stuttgart, Urbanstr. 34.
Dr. Gierke, Otto, Geh. Justizrat, Professor, Charlottenburg, Carmerstr. 12.
Dr. Gierke, Julius, o. Professor, Königsberg-Mittelhufen, Luisenallee 16.
Ginsberg, Emanuel, Rechtsanwalt, St. Petersburg, Bassejnaja 36.
Giesecke, Justizrat, Magdeburg, Breiteweg 230.
Dr. Glanz, Referendar, Danzig, Amtsgericht.
Glaser, Rechtsanwalt, Notar, Justizrat, Breslau, Karlstr. 15.
Glasmacher, H., Notar, Rombach i. Lothringen.
Dr. Glaß, Rechtsanwalt, Justizrat, Berlin W. 35, Potsdamerstr. 97.
Dr. Glücksmann, Alf., Stadtrat, Rixdorf, Jonasstr. 66.
Gmür, M., Professor, Bern i. Schweiz.
Goitein, Rechtsanwalt, Mannheim.
Goldberg, Justizrat, Rechtsanwalt, Notar, Marburg a. L.
Dr. Goldenring, Geh. Justizrat, Straßburg (Elsaß), Goethestr. 11.
Dr. Goldfeld, Jul., Rechtsanwalt, Hamburg, ABC-Straße 6.
Goldmann, Ed., Justizrat, Berlin W. 9, Potsdamerstr. 22 a.
Goldmann, L., Justizrat, Mülhausen i. E.
Goldschmidt, Jwan, Rechtsanwalt, Berlin W. 66, Leipzigerstr. 131.
Dr. Goldschmidt, a. o. Professor der Rechte, Berlin W. 62, Landgrafenstr. 9.
Dr. Goenner, R., Rechtsanwalt, Karlsruhe i. B., Karl Friedrichstr. 18.
Gonschorowski, Rechtsanwalt, Stallupönen.
Dr. Goepel, Amtsgerichtsrat, Altenburg S.-A., Langengasse 10.
Dr. von Gordon, Justizrat, Berlin W. 8, Mohrenstr. 19.
Dr. Gorius, Geh. Justizrat, Rechtsanwalt, Cöln a. Rh.
Dr. Goerres, Carl, Rechtsanwalt, Berlin W. 8, Charlottenstr. 59.
Goßmann, Georg, Rechtsanwalt, Notar, Justizrat, Berlin W. 66, Mauerstraße 66/67.
Dr. Gotthelf, Willy, Rechtsanwalt, Berlin W. 8, Französischestr. 52 II.

Dr. Gottschalk, Amtsgerichtsrat, Solingen.
Gottschalk, Leopold, Rechtsanwalt, Berlin W. 8, Leipzigerstr. 112.
Dr. Gottschalk, H., Rechtsanwalt, Leipzig, Thomasring 8.
Dr. Gottschalk, Alfred, Rechtsanwalt, Berlin W. 50, Geisbergstr. 24.
Dr. Grabenwitz, Professor, Heidelberg, Neuenh. Landstr. 8 I
Dr. vom Grafen, Rechtsanwalt, Justizrat, Cöln a. Rh., Albertusstr. 12.
Dr. Graff, Rechtsanwalt, Freiburg i. B., Kaiserstr. 152.
Dr. Graßhoff, Rechtsanwalt, Berlin W. 57, Bülowstr. 21.
Graetzer, Landgerichtsrat, Breslau, Neudorfstr. 111.
Grau, Justizrat, Berlin N.W. 23, Flensburgerstr. 3.
Dr. Grégoire, A., Rechtsanwalt, Mitglied des Reichstags, Metz, Kaiser Wilhelm Ring.
Greiff, Geh. Oberjustizrat, Berlin W. 62, Nettelbeckstr. 10.
Dr. Grelling, Ernst, Rechtsanwalt, Justizrat, Berlin C. 2, Spandauerstr. 48.
Dr. Greve, Albert, Amtsrichter, Hamburg, Bundesstr. 8.
Griese, Amtsgerichtsrat, Wilmersdorf-Berlin, Kaiserplatz 19.
Grieser, Justizrat, Colberg.
Grobe, H., Rechtsanwalt, Notar, Justizrat, Calbe a. Saale.
von Gronow, Elsner, Kriegsgerichtsrat, Danzig-Langfuhr, Eschenweg 4 I.
Groß, Friedrich, Rechtsanwalt, Mergentheim.
Groth, Landgerichtsrat, Landsberg a. Warthe, Zechowerstr. 30 h.
Dr. Grote, H., Richter, Bremen, Mathildenstr. 27.
Dr. Grueber, Erw., Professor, München, Giselastr. 5.
Grumbacher, Otto, Rechtsanwalt, Karlsruhe i. B.
Grünbaum, S., Rechtsanwalt, Berlin C. 2, An der Spandauerbrücke 9.
Dr. Gründler, Carl, Rechtsanwalt, Justizrat, Berlin W. 8, Friedrichstr. 59/60.
Grünebaum, Oberlandesgerichtsrat, Hamm i. W.
Grünschild, Rechtsanwalt, Berlin W. 8, Leipzigerstr. 98.
Dr. Gryczewski, Oberlandesgerichtspräsident, Wirkl. Geh. Rat, Exzellenz, Posen.
Dr. Gugelmaier, Bürgermeister, Lörrach.
Dr. Guhrauer, Rechtsanwalt, Justizrat, Berlin SW. 68, Ritterstr. 66.
Dr. Gülland, Landrichter, Naumburg a. S., Hochstr. 10.
Dr. Günther, Privatdozent, Berlin SW. 68, Markgrafenstr. 94.
Dr. Güterbock, Geh. Justizrat, Professor, Königsberg i. Pr., Königstr. 63.
Dr. Gutfleisch, Rechtsanwalt, Geh. Justizrat, Gießen.
Dr. Gutherz, Rechtsanwalt, Beuthen, Bahnhofstr. 3.
Gutsche, Rechtsanwalt, Magdeburg, Breiteweg 198, I.
Guttmann, Julius, Rechtsanwalt, Justizrat, Berlin C. 2, Klosterstr. 83.
Guttmann, Eduard, Rechtsanwalt, Magdeburg, Breiteweg 146.
Guttmann, Rechtsanwalt, Notar, Justizrat, Wiesbaden, Moritzstr. 4.
Gyßling, Robert, Rechtsanwalt, Justizrat, Berlin S.W., 11, Anhaltstr. 12.
Haack, Oskar, Senatspräsident, Berlin W. 50, Joachimsthalerstr. 33/34.
Dr. Haas, Heinrich, Rechtsanwalt, Karlsruhe, Kaiserstr. 191.
Dr. Haas, L., Rechtsanwalt, Karlsruhe i. B.
Haas, Richard, Rechtspraktikant, Karlsruhe i. B.
Haber, Geh. Justizrat, Rechtsanwalt beim Reichsgericht, Leipzig, Schwägrichenstr. 13.

Dr. Häberlin, E. J., Rechtsanwalt, Justizrat, Frankfurt a. M., Brönnerstr. 20.
Dr. Haberling, G., Rechtsanwalt, Mainz, Kaiserstr. 7.
Haberstroh, August, Landgerichtrsat, Berlin N.W., 23, Bachstr. 4.
Dr. Hachenburg, Max, Rechtsanwalt, Mannheim C. 2 N. 23.
Häckermann, Rechtsanwalt, Justizrat, Greifswald.
Hadra, Arthur, Rechtsanwalt, Berlin W. 8, Kanonierstr. 45.
Dr. Hafter, E., Professor, Kilchberg b. Zürich.
Hagemann, Rechtsanwalt, Notar, Tönning.
Hagen, Otto, Kammergerichtsrat, Berlin W. 30, Haberlandstr. 5.
Hagens, R., Reichsgerichtsrat, Leipzig, Schwägrichenstr. 13.
Hahn, Julius, Amtsgerichtsrat, Zehlendorf, Katharinenstr. 7.
Hahn, Franz, Rechtsanwalt, Berlin C. 2, Spandauerbrücke 2.
Hahn, Max, Rechtsanwalt, Berlin W. 9, Potsdamerstr. 138.
Hahn, Rudolf, Rechtsanwalt, Justizrat, Berlin C. 2, Brüderstr. 39.
Haehne, Justizrat, Dirschau.
Haib, A., Rechtsanwalt, Reutlingen.
Dr. Halle, Rechtsanwalt, Notar, Justizrat, Berlin W. 8, Kronenstr. 56.
Hallensleben, Rechtsanwalt, Berlin C. 2, Spandauerstr. 63 a.
Dr. Halpert, Rechtsanwalt, Berlin W. 9, Potsdamerstr. 4.
Hamburger, Carl, Rechtsanwalt, Justizrat, Berlin W. 35, Potsdamerstr. 36.
Dr. Hamburger, Carl, Geh. Justizrat, Advokat, Notar, Frankfurt a. M.
Dr. Hamm, Wirklicher Geheimer Rat, Exzellenz, Ober-Landesgerichtspräsident, Bonn, Quantiusstr. 8.
Hammer, Oberjustizrat, Chemnitz (Sachsen).
Hammerschlag, Kammergerichtsrat, Berlin W. 50, Nürnbergerstr. 35/36.
Hammerschmidt, Rechtsanwalt, Hotar, Cottbus.
Handelskammer, Berlin N.W. 7, Dorotheenstr. 7/8.
Handt, Senatspräsident, Celle.
Hannemann, Landgerichtsdirektor, Berlin W. 30, Motzstr. 53.
Hannemann, Erster Staatsanwalt, Görlitz.
Hänschke, Carl, Rechtsanwalt, Berlin C. 2, Spandauerstr. 48.
Hänsel, Richard, Justizrat, Bergen a. Rügen.
Dr. Hansen, Landrichter, Flensburg.
Dr. Harburger, Heinrich, Rat am Bayerischen Obersten Landesgericht, Universitätsprofessor, München, Karlstr. 21.
v. Harder, Alexander, Rechtsanwalt, Mannheim O. 2. 1.
Hardung, Rechtsanwalt, Mannheim.
Dr. Harmening, Ernst, Rechtsanwalt, Jena.
Dr. Harnier, Aug., Wirklicher Geh. Oberjustizrat, vortragender Rat im Justizministerium, Berlin W. 62, Passauerstr. 4
Dr. Harnier, Ed., Rechtsanwalt, Justizrat, Cassel, Cölnischestr. 3.
Harries, Rechtsanwalt, Notar, Kiel, Klinke 26.
Dr. Hartmann, Adolf, Amtsgerichtsrat, Berlin W. 62, Courbièrestr. 6.
Dr. Hartmann, Landgerichtspräsident, Flensburg.
Hartmann, Leo, Rechtsanwalt, Mülhausen i. E.
Hartwich, Rechtsanwalt, Justizrat, Berlin S.W. 61, Belle Allianceplatz 9.
Hase, Rudolf, Rechtsanwalt, Notar, Altenburg S.-A.

Hasse, Justizrat, Konitz, Westpreußen.
Hauchecorne, Kammergerichtsrat, Charlottenburg, Carmerstr. 11.
Häuser, Justizrat, Frankfurt a. M., Guiolletstr. 46.
Hauptmann, Rechtsanwalt, Notar, Frankfurt a. O., Junkerstr. 20.
Dr. Hauser, Rechtsanwalt, Baden-Baden, Langestr. 60.
Dr. Haymann, Franz, Assessor, Frankfurt a. M., Gervinusstr. 24.
Hayn, Julius, Rechtsanwalt, Berlin W. 64, Behrenstr. 17.
Dr. Hayum, Rechtsanwalt, Tübingen.
Dr. Hecht, Ludwig, Rechtsanwalt, Notar, Justizrat, Frankfurt a. M., Roßmarkt 18.
Dr. Hecht, G., Rechtsanwalt, Mannheim.
Dr. Hecht, Otto Rechtsanwalt, Metz, Römerstr. 60.
Dr. Heck, Professor, Tübingen, Neckarhalde 68.
Dr. Heckscher, Cäsar, Rechtsanwalt, Hamburg, Kaiser Wilhelmstr.
Hebbe, Rechtsanwalt, Notar, Justizrat, Marne i. Holstein.
Hebicke, Max, Marineintendanturrat, Danzig.
Dr. Hegler, August, Professor der Rechtswissenschaften, Tübingen.
Dr. Heidemann, Rechtsanwalt, Köslin.
Heidensleben, Amtsgerichtsrat, Rostock i. M.
Dr. Heil, Richard, Rechtsanwalt, Metz, Römerstr. 60.
Heilberg, Rechtsanwalt, Justizrat, Breslau VI, Nicolai-Stadtgraben 26.
Dr. Heilborn, Professor, Breslau II, Tauentzienstr. 42.
Heilbrun, Landgerichtsrat, Charlottenburg, Leibnizstr. 22.
Dr. Heilbrunn, Rechtsanwalt, Frankfurt a. M., Neue Mainzerstr. 26.
Dr. Heilfron, Amtsgerichtsrat, Professor, Berlin-Charlottenburg, Fasanenstr. 6.
Heiliger, Geh. Justizrat, Cöln a. Rh., Hohenstaufenring 47.
Heim, Michael, Rechtsanwalt, Justizrat, Würzburg, Paradeplatz.
Heiman Rud., Amtsrichter, Dortmund, Hamburgerstr. 40.
Dr. Heimann, Jacob, Rechtsanwalt, Hamburg, Kaiser Wilhelmstr. 3.
Heimbach, Justizrat, Berlin S. 14, Neue Roßstr. 1.
Dr. Heimberger, Joseph, Professor der Rechte, Bonn, a. Rh., Beringstr. 3.
Dr. Heinemann, Rechtsanwalt, Berlin W. 8, Kronenstr. 8/9.
Dr. Heinemann II, Hans, Rechtsanwalt, Hannover, Georgstr. 12.
Dr. Heinemann, Justizrat, Magdeburg.
Dr. Heinemann, Rechtsanwalt, Notar, Essen a. Ruhr, Hagenstr. 50/52.
Heinitz, E., Justizrat, Berlin W. 8, Mohrenstr. 56.
Heinitz, Franz, Rechtsanwalt, Berlin W. 10, Viktoriastr. 5.
Dr. Heinl, Paul, Advokat, Melide Tessin, Villa Isidora.
Dr. Heinrici, Landrichter, Cassel, Kölnischestr. 74½.
Dr. Heinsheimer, Carl, Professor an der Universität Heidelberg.
Dr. Heise, Rechtsanwalt, Danzig, Hundegasse 66.
Dr. Heiß, Cl., Regierungsassessor, Treptow, Parkstr. 2.
Dr. Helfritz, Stadt-Syndikus, Greifswald, Roonstr. 6.
Dr. Hellmann, Friedr., Professor, München, Gabelsbergerstr. 1 a.
Dr. Hellwig, Professor, Geh. Justizrat, Berlin-Grunewald, Auerbachstr. 7.
Hendel, Franz, Rechtsanwalt, Notar, Justizrat, Nienburg a. d. Weser.
Henrich, Justizrat, Rechtsanwalt, Notar, Völklingen a. d. Saar.

Henschel, M., Justizrat, Rechtsanwalt, Berlin C. 19, Roßstr. 3.
Henschel, Rechtsanwalt, Justizrat, Breslau V, Schweidnitzer Stadtgr. 10.
Henzler, P., Amtsrichter, Bergheim a. Erft.
Dr. jur. Hepner, Julius, Beuthen O.-Schl., Bahnhofstr. 46.
Hercher, Wolfgang, Rechtsanwalt, Berlin W. 8, Charlottenstr. 62.
Herhaus, Notar, Hillesheim a. d. Eifel.
Herold, Arthur, Landgerichtsrat a. D., Heroldshof b. Ranis, Kr. Ziegenrück.
Herr, Rechtsanwalt, Geheimer Justizrat, Rechtsanwalt beim Reichsgericht, Leipzig, Weststr. 19 b.
Dr. Herr, Rechtsanwalt, Hamm i. W.
Herrlitz, Richard, Gerichtsassessor, Königsberg i. Pr., Kneiphof, Langgasse 10.
Herrendoerffer, Justizrat, Swinemünde.
Dr. Herrmann, Gustav, Rechtsanwalt, Justizrat, Berlin W. 66, Mauerstr. 81.
Herrmann, Johannes, Rechtsanwalt, Amberg i. Oberpfalz.
Dr. Herrmann, Ernst, Rechtsanwalt, Baden-Baden, Langestr. 60.
Dr. Hermanns, Ernst, Rechtsanwalt, Bonn a. Rh. Thomasstr. 11.
Herrmann, Justizrat, Memel.
Herrnberg, Amtsgerichtsrat, Berent.
Hertwig, A., Geh. Justizrat, Landgerichtsdirektor, Meiningen, Berlinerstr.
Dr. Hertz, R. Ph., Rechtsanwalt, Frankfurt a. M., Schillerstr. 14 e.
Dr. Hertz, G., Senator, Hamburg, Magdalenenstr. 3.
Herz, Felix, Rechtsanwalt, Berlin SW. 61, Belle Alliancestr. 105.
Dr. Herzfeld, Rechtsanwalt, Essen a. d. Ruhr, Bahnhofstr. 90/92.
Dr. Hesdörfer, M. H., Rechtsanwalt, Frankfurt a. M., Kaiserstr. 23.
Dr. Heß, Ludwig, Rechtsanwalt, Stuttgart, Kirchstr. 16.
Heucke, Rechtsanwalt, Notar, Wanzleben, Bez. Magdeburg.
van der Heyde, Fr., Rechtsanwalt, Notar, Justizrat, Rüdesheim a. Rh.
Heydweiler, Ernst, Oberlandesgerichtsrat, Karlsruhe i. B., Karlstr. 8.
Heyer, A., Notar, Justizrat, Berlin N. 24, Friedrichstr. 114.
Dr. Heyl, A., Syndikus, Hamburg, Agnesstr. 41.
Heymann, Julius, Geheimer Justizrat, Altona a. E.
Heymann, Eduard, Kammergerichtsreferendar, Berlin W. 50, Fürtherstr. 1.
Dr. jur. Heymann, E., Professor der Rechte, Marburg a. d. L.
Heymann, Adolf, Rechtsanwalt, Berlin N.O. 51, Blumenstr. 39.
Dr. Heymann, Eduard, Rechtsanwalt, Danzig, Karrenwall 5.
Dr. Heymann, S., Rechtsanwalt, Hamburg, Rosenhof.
Dr. Heymann, Hans, Schriftsteller, Berlin NW. 40, In den Zelten 8.
Heymann, Rechtsanwalt, Bromberg.
Dr. Hiedemann, Rechtsanwalt, Justizrat, Cöln a. Rh., Elisenstr, 11.
Hildebrand, H. C. F., Senator, Bremen, Domsheide 10/12.
Hilf, H., Justizrat, Rechtsanwalt, Notar, Limburg a. d. Lahn.
Hillebrand, Rechtsanwalt, Essen (Ruhr), Salkenbergsweg 18.
Dr. Hilpert, Justizrat, Kgl. Advokat, Nürnberg, Hauptmarkt 11 I.
Dr. Hilse, Benno, Kreisgerichtsrat a. D., Syndikus, Berlin SW. 46, Königgrätzerstr. 61.
Dr. Hilse, Carl, Syndikus, Professor, Berlin SW. 46, Königgrätzerstr. 61.
Dr. Hink, Otto, Oberlandesgerichtsrat, Karlsruhe, Westendstr. 22.

Dr. jur. Hinrichsen, Robert, Rechtsanwalt, Notar, Güstrow i. M.
Dr. Hinsberg, A., Rechtsanwalt, Barmen, Schillerstr. 4 a.
Dr. Hippe, Johannes, Rechtsanwalt, Dresden-Blasewitz, Marschallstr. 47.
Dr. v. Hippel, R., Professor, Göttingen, Hoher Weg 2.
Dr. Hirsch, Karl, Gerichtsassessor, Frankfurt a. M., Westendstr. 52.
Hirsch, Leonhard, Rechtsanwalt, Justizrat, Berlin W. 35, Lützowstr. 66.
Hirsch, Rechtsanwalt, Notar, Justizrat, Schwetz a. d. Weichsel.
Hirschberg, Landrichter, Tilsit, Kasernenstr. 18 b.
Hirschfeld, Landgerichtsrat, Langfuhr-Danzig, Parkweg.
Hirschfeld, Ernst, Amtsgerichtsrat, Charlottenburg, Wilmersdorferstr. 80.
Dr. Hirschfeld, Justizrat, Stettin.
Hirschfeldt, Rechtsanwalt, Berlin C. 25, Kaiser Wilhelmstr. 18.
Hirschhorn, G., Geheimer Justizrat, Gießen.
Dr. Hirschland, Georg, Essen a. d. Ruhr, Kettwigerstr. 42.
Hirsekorn, Felix, Rechtsanwalt, Berlin W. 8. Kanonierstr. 40.
His, R. Professor, Münster i. W., Heerdestr. 3.
Dr. Hoefer, Arno, Rechtsanwalt, Altenburg, S.-A.
Dr. Hoffmann, E., Wirklicher Geh. Oberregierungsrat, Direktor im Reichsjustizamt, Berlin W. 62, Courbièrestr. 10.
Hoffmann, Rechtsanwalt, Notar, Heydekrug, O.-Pr.
Dr. Hoffmann, Hans, Justizrat, Berlin NW. 7, Dorotheenstr. 76.
Dr. Hoffmann, Max, Rechtsanwalt, Justizrat, Notar, Berlin NW. 7, Unter den Linden 48/49.
Dr. Hoffmann, W., kgl. sächs. Notar, Rechtsanwalt, Loeßnitz i. Erzgebirge.
Dr. Hoffmann, Walter, Syndikus, Regensburg.
Dr. Hoffmann, Rechtsanwalt, Langfuhr-Danzig.
Hoffstaedt, W., Rechtsanwalt, Justizrat, Berlin SW. 68, Zimmerstr. 94.
Hofmackel, Friedrich, Landgerichtspräsident, Traunstein.
Dr. Hölder, Geh. Hofrat, Professor, Leipzig, Schwägrichenstr. 26.
Holland, W., Oberstaatsanwalt, Braunschweig, Am Stadtpark 2.
Dr. Hollaender, Carl, Rechtsanwalt, Berlin C. 25, Neue Königstr. 50.
Dr. Hollaender, Albert, Rechtsanwalt, Hamburg, Gr. Bleichen, 23.
Dr. Hollatz, Harry, Professor an der Universität Chateau de Paseux bei Neuchatel.
Dr. Holtgreven, Oberlandesgerichtspräsident, Hamm i. W.
Dr. Holtz, Leo, Geh. Regierungsrat, vortragender Rat im Ministerium für Landwirtschaft, Domänen und Forsten, Charlottenburg, Berlinerstr. 58 III.
Holtz, Louis, Referendar, Danzig, Karrenwall 5.
Holz, Rechtsanwalt, Justizrat, Berlin W. 9, Linkstr. 41.
Dr. Honig, L., Rechtsanwalt, Nürnberg.
Dr. Hoeniger, H., Privatdozent, Freiburg i. B., Zasiusstr. 54.
Dr. Hoeniger, Landgerichtsrat, Karlsruhe i. B., Bismarckstr. 53.
Dr. Hoeniger, Rechtsanwalt, Berlin.
Dr. Hoepfner, Professor, Göttingen, Herzberger Chaussee 46.
Hoeppe, C., Rechtsanwalt, Metz, Wachtstraße.
Dr. Horn, Rechtsanwalt, Berlin W. 57, Potsdamerstr. 60.
Dr. Horwitz, Maximilian, Rechtsanwalt, Justizrat, Berlin SW. 68, Lindenstr. 11.

Dr. Horwitz, O., Rechtsanwalt, Hamburg, Gröningerstr. 10 II.
Dr. Horstmann, W., Rechtsanwalt, Mannheim, L. 614.
Dr. Hoewig, J., Rechtsanwalt, Baden-Baden.
Huber, R., Kammergerichtsrat, Wilmersdorf, Kaiser-Allee 173.
Hübsch, Ministerialdirektor, Karlsruhe i. B.
Hübschmann, Landrichter, Königsberg i. Pr., Hintertragheim 29.
Dr. Huch, Rechtsanwalt und Notar, Braunschweig.
Dr. Humbert, Justizrat, Magdeburg.
Dr. Humser, Geh. Justizrat, Rechtsanwalt und Notar, Frankfurt a. M.
Hündorf, Justizrat, Halle a. S.
Dr. Hüneberg, Rechtsanwalt, Notar, Hamm i. W.
Dr. Hünke, Landgerichtsdirektor, Braunsberg.
Hunrath, Rechtsanwalt, Posen, Justizrat, Danzig, Hundegasse 55.
Hüser, Rechtsanwalt, Flensburg, Norderstr. 7.
Jacob, Emil, Geh. Kommerzienrat, Berlin O. 27, Holzmarktstr. 65.
Dr. Jacobi, Ernst, Professor, Münster i. W.
Dr. Jacobi, Herbert, Rechtsanwalt, München, Rindermarkt 10.
Jacobi, Rechtsanwalt, Notar, Justizrat, Frankfurt a. O.
Jacobsohn, Max, Geheimer Justizrat, Berlin W 9., Linkstr. 1.
Dr. Jacobsohn, Julian, Rechtsanwalt, Berlin C. 2, Burgstr. 29/30.
Dr. Jacobsohn, H., Rechtsanwalt, Leipzig, Brühl 2.
Jacobsohn, Rechtsanwalt, Justizrat, Posen.
Jacobsohn, Rechtsanwalt, Notar, Rixdorf-Berlin, Bergstr. 145.
Jacobson, Oberlandesgerichtsrat, Königsberg i. Pr., Steindamm 67/69.
Dr. Jacoby, Rechtsanwalt, Bartenstein.
Jacoby, Ernst, Referendar, Berlin W. 62, Bayreutherstr. 41.
Jacusiel, Kurt, Rechtsanwalt, Berlin C. 2, Spandauerstr. 11/13.
Dr. Jaffa, Sally, Rechtsanwalt, Berlin C. 2, Neue Friedrichstr. 21 b.
Dr. Jaeger, Otto, Notar, Hochfelden.
Dr. Jaeger, Ernst, Professor, Leipzig, Plagwitz, Forststr. 2.
Dr. Jahn, Rechtsanwalt, Prenzlau.
Jankowski, Rechtsanwalt, Danzig.
Dr. Jansen, C. M., Rechtsanwalt, Hamburg, Kaiser Wilhelmstr. 76.
Janzer, Ludwig, Regierungsrat, Karlsruhe i. B., Eisenlohrstr. 10.
Jarecki, Rechtsanwalt, Posen, Neue Straße 1.
Jaspersen, Handelsrichter, Kiel, Bismarck Allee 30.
Jentzsch, C., Landgerichtsdirektor, Hannover, Bödeckerstr. 21.
Dr. Jeselsohn, Max, Rechtsanwalt, Mannheim.
Illch, Rechtsanwalt, Berlin SW. 9, Leipzigerstr. 57.
Imberg I, Franz, Rechtsanwalt, Berlin W. 9, Potsdamerstr. 136.
Dr. Immerwahr, W., Bankdirektor, Berlin W. 15, Joachimsthalerstr. 13.
von Ingersleben, Landgerichtsdirektor, Konitz (W.-Pr.), Schützenstraße.
Jockisch, Wilhelm, Amtsgerichtsrat, Berlin NW. 52, Spenerstr. 33.
Johannsen, Rechtsanwalt, Notar, Kiel.
Dr. Jonas, Julius, Rechtsanwalt, Altona, Fischmarkt 27.
Jonas, Paul, Rechtsanwalt, Justizrat, Berlin W. 8, Taubenstr. 16/18.
Dr. Joerges, Dr. jur et philos., Halle a. S., Seebenerstr. 61.

Joseph, Rechtsanwalt, Justizrat, Berlin C. 19, Jerusalemerstr. 16.
Dr. Joseph, L., Rechtsanwalt, Frankfurt a. M., Bethmannstr. 46.
Josephsohn, J., Rechtsanwalt, Potsdam, Am Kanal 45.
Josephsohn, R., Rechtsanwalt, Potsdam, Am Kanal 45.
Irmler, Richard, Rechtsanwalt, Justizrat, Berlin W. 8, Französischestr. 24.
Dr. Isaac, Martin, Rechtsanwalt, Berlin W. 8, Jägerstr. 63.
Isaacsohn, Rechtsanwalt, Berlin C. 2, Kaiser Wilhelmstr. 13.
Dr. Isay, Rechtsanwalt, Berlin SW. 61, Belle-Allianceplatz 13.
Dr. Isenbiel, Geh. Ober-Justizrat, Generalstaatsanwalt, Berlin W. 62, Kurfürstenstr. 81a.
Dr. Israel, Alfr., Rechtsanwalt, Hamburg, Heuberg 15.
Jübell, Otto, Justizrat, Rechtsanwalt, Notar, Hannover.
Juliusberg, Landgerichtsdirektor, Wilmersdorf, Helmstedterstr. 28.
Dr. Jung, Erich, Professor, Straßburg i. E., Ludwigshafenerstr. 14.
Dr. Junck, Johannes, Justizrat, Rechtsanwalt beim Reichsgericht, Leipzig, Ferdinand Rhodestr. 38.
Dr. Junkar, Emil, Richter bei den ägyptischen internationalen Reformgerichten, Tribunal mixte Le Caire (Ägypten).
Jüßen, Peter, Justizrat, Rechtsanwalt, Cöln a. Rh., Gereonshof 31.
Kabilinski, Rechtsanwalt, Notar, Czersk, W.-Pr.
Kabe, Carl, Landgerichtsrat, Waidmannslust b. Berlin, Bondickstr.
DDr. Kahl, Geh. Justizrat, Professor, Univ.-Rektor, Berlin-Wilmersdorf, Kaiser-Allee 23.
Dr. jur. Kahane, Rechtsanwalt, Königsberg i. Pr.
Dr. Kaehne, Rechtsanwalt, Notar, Justizrat, Halle a. S., Rathausstr. 8/9I.
Dr. Kaiser, Rechtsanwalt, Cöln a. Rh., Worringerstr. 16.
Dr. Kaiser, Rechtsanwalt, Leipzig, Ferdinand Rhodestr. 33.
Dr. Kaiser, Rechtsanwalt, Metz, Priesterstr. 25.
Kalischer, Landgerichtsrat, Berlin W. 15, Rosenheimerstr. 17.
Kaliski, Max, Rechtsanwalt, Breslau, Schweidnitzerstr. 43.
Kammler, Amtsgerichtsrat, Danzig.
Kante, Rechtsanwalt, Czersk.
Dr. Kantorowitz, Herm. U., Privatdozent, Freiburg i. B., Dreikönigstr. 30.
Kapferer, Rechtsanwalt, Cöln a. Rh.
Kassel, Eduard, Justizrat, Rechtsanwalt u. Notar, Berlin W. 9, Potsdamerstr. 7.
Dr. Katz, Edwin, Rechtsanwalt, Justizrat, Berlin W. 64, Behrenstr. 17.
Katz, S., Rechtsanwalt, Justizrat, Berlin C. 2, An der Spandauerbrücke 10.
Dr. Kauffmann, Carl, Rechtsanwalt, Mannheim C. 35.
Kauffmann, Arthur, Referendar, Frankfurt a. M., Gärtnerweg 20.
Kauffmann, Landgerichtsrat, Geh. Justizrat, Danzig,- Langfuhr, Hauptstr.
Dr. Kaufmann, Erich, Privatdozent a. D., Universität, Kiel, Esmarchstr. 57.
Kaufmann, Bruno, Gerichtsassessor, Berlin NW. 23, Brückenallee 3.
Dr. Kaufmann, Th., Rechtsanwalt, Heidelberg, Bienenstr. 1.
Dr. Kaufmann, Hugo, Rechtsanwalt, Krefeld, Nordwall 75.
Kaufmann, Emil, Rechtsanwalt, Magdeburg, Humboldstr. 2.
Dr. Kaufmann, Fritz, Rechtsanwalt, Mannheim C. 2. 2.
Dr. Kaufmann, Gustav, Rechtsanwalt, Mannheim C. 2. 2.

Kayser, Ludwig, Rechtsanwalt, Notar, Justizrat, Weißensee b. Berlin, Königschaussee 52.
Kayser, Notar, Zabern (Elsaß).
Keck, H., Rechtsanwalt, Notar, Segeberg.
Keller, Oberlandesgerichtsrat, Hamm i. W.
Dr. Keller, Privatdozent, Bonn a. Rh., Göbenstr. 41.
Kempf, Rechtsanwalt, Justizrat, Berlin W. 64, Unter den Linden 30.
Dr. Kemmeter, Rechtsanwalt, Kempten.
Kempner, Amtsgerichtsrat, Brandenburg a. H.
Kennes, Rechtsanwalt, Justizrat, Potsdam, Am Kanal 57.
Kersten, Oberlandesgerichtsrat, Königsberg i. Pr., Lobeckstr. 10 I.
Kersting, Landgerichtsdirektor, Kiel, Bartelsallee 9.
Keruth, Rechtsanwalt, Notar, Justizrat, Danzig, Holzmarkt 15.
Dr. Kessel, Rechtsanwalt, Justizrat, Luckau i. L.
Dr. Keyßner, Amtsrichter, Pankow b. Berlin, Breitestr. 41.
Dr. Kiefe, Wilhelm, Rechtsanwalt, Stuttgart, Werastr. 3.
Kiehl, Johannes, Reichsgerichtsrat, Leipzig, Markgrafenstr. 10.
Kiewning, Rechtsanwalt, Dirschau, Wilhelmstr. 1.
Dr. Kilzer, W., Justizrat, Frankfurt a. M., Goethestr. 17.
Kimmig, R., Direktor der Karlsruher Lebensversicherung a. G., Karlsruhe i. B., Kaiser-Allee 4.
Kindel, Wilh., Senatspräsident, Geh. Ober-Justizrat, Berlin W. 62, Bayreutherstr. 35.
Kindor, Paul, Rechtsanwalt, Notar, Marienburg W.-Pr.
Dr. Kinne, H., Gerichtsassessor, Magdeburg, Awenstedterstr. 27 I.
Kinderling, E., Amtsrichter, Birnbaum.
Dr. Kipp, Professor, Berlin W. 15, Meinekestr. 20.
Dr. v. Kirchenheim, Professor, Heidelberg, Greisbergstr. 59.
Kirschner, Fritz, Rechtsanwalt, Notar, Justizrat, Brandenburg a. H.
Dr. Kisch, Universitäts-Professor, Straßburg i. E., Schwarzwaldstr. 6.
Kitz, Landgerichtspräsident, Krefeld.
Klaholt, Rechtsanwalt, Notar, Justizrat, Gelsenkirchen.
Klawitter, Rechtsanwalt, Danzig, Heizmarkt 12/14.
Kleefeld, Eduard, Justizrat, Rechtsanwalt, Notar, Sorau, N.-L.
Kleefeld, Rechtsanwalt, Worms a. Rh.
Dr. Kleinfeller, G., Professor, Kiel, Niemannsweg 101.
Kleinrath, O., Rechtsanwalt, Hannover, Bahnhofstr. 12.
Dr. Klenter, Rechtsanwalt, Elberfeld.
Klinckowstroem, Rechtsanwalt, Karlsruhe i. B., Kaiserstr. 153.
Dr. Kloß, A., Oberlandesgerichtsrat, Hamm i. W.
Dr. jur. et phil. Kloeppel, E., Elberfeld, Bismarckstr. 17.
Kloer, Landgerichtsdirektor, Graudenz.
Kloß, Oberkriegsgerichtsrat, Danzig.
Klug, Referendar, Danzig.
Klüpfel, L., Finanzrat a. D., Stuttgart, Danneckerstr. 21.
Knebel, Paul, Rechtsanwalt und Notar, Zehlendorf, Hauptstr. 1.
Knein, H., Landgerichtsdirektor, Aachen.

Dr. Kniep, Geh. Justizrat, Professor, Jena.
Dr. Knoke, Professor, Königsberg i. Pr., Herrmann-Allee 14.
Knöpfler, Geh. Justizrat, Marienwerder i. Westpr.
Koebel, Rechtsanwalt, Colmar i. E.
Koch, Landgerichtsrat, Berlin-Wilmersdorf, Güntzelstr. 15.
Koch, Max, Rechtsanwalt, Berlin W. 9, Potsdamerstr. 13.
Koch, Adolf, Rechtsanwalt, Bant.
Kochmann, Georg, Rechtsanwalt, Gleiwitz, Nicolaistr. 13.
Dr. Koderols, Notar, Justizrat, Koblenz, Kaiser Wilhelm-Ring 4.
Koffka, Justizrat, Berlin N.W. 7, Neustädtische Kirchstr. 1.
Dr. Koffka, P., Kammergerichts-Senatspräsident, Geh. Ober-Justizrat, Berlin NW. 23, Siegmundshof 16.
Dr. Koehler, W., Rechtsanwalt, Mannheim.
Köhler, Amtsrichter, Konitz W.-Pr.
Dr. Köhler, August, a. o. Univ.-Professor, München, Theresienstr. 2.
Dr. Kohlrausch, E., o. Professor, Königsberg i. Pr., 9, Arndstr. 1.
Kohn, Fr., Rechtsanwalt, Dortmund.
Dr. jur. et phil. Köhne, Carl, Privatdozent an der technischen Hochschule, Berlin W. 62, Keithstr. 12.
Dr. Köhne, Paul, Amtsgerichtsrat, Berlin W. 50, Kurfürstendamm 241.
Koenig, Friedrich, Rechtsanwalt, Mannheim.
Dr. Koeppe, H., Professor, Marburg a. L., Weißenburgstr. 3.
Dr. Koppel, Friedrich, Rechtsanwalt, Justizrat, Berlin W. 57, Potsdamerstraße 66.
Köppel, Rechtsanwalt, Justizrat, Belgard (Pommern).
Dr. Koppenhagen, Rechtsanwalt, Gleiwitz, Ring 2.
Kortum, Karl, Geh. Justizrat, Naumburg a. d. Saale.
Kost, Justizrat, Pr. Stargard.
Köster, Landgerichtspräsident, Memel.
Dr. Koettgen, Geh. Justizrat u. vortragender Rat im Justizministerium, Berlin W. 15, Kurfürstendamm 197/198.
Kowalke, Amtsgerichtsrat, Danzig-Langfuhr, Friedenssteg 12 II.
Krah, Landrichter, Kiel, Dammstr. 21.
Krapp, Lorenz, kgl. Oberlandesgerichtspräsident, Bamberg.
Dr. Kratt, A., Rechtsanwalt, Pforzheim.
Dr. Kraemer, Wilhelm, Rechtsanwalt, Berlin W. 35, Potsdamerstr. 90.
Dr. Krätzer, Adolf, Gerichtsassessor, Wilmersdorf, Prinz Regentenstr. 56.
Kraus, Oberlandesgerichtsrat, Kiel.
Dr. Krause, Geh. Justizrat, Berlin W. 64, Behrenstr. 24.
Dr. von Kraewel, Landrichter, Duisburg, Emscherstr. 12.
Dr. Frhr. von Kreß, Georg, Justizrat, Rechtsanw., Nürnberg, Füll 12 II.
Dr. Kriegsmann, N. Herm., Privatdozent, Kiel.
Dr. Krohne, Berlin W. 50, Nürnbergerstr. 25/26.
Dr. Kronecker, Ernst, Geh. Justizrat, Kammergerichtsrat, Berlin, Charlottenburg, Schlüterstr. 34.
Dr. Kroner, Heinrich, Rechtsanwalt, Berlin W. 66, Leipzigerstr. 129.
Dr. Kronfeld, Rechtsanwalt, Justizrat, Berlin W. 8, Leipzigerstr. 100.

Dr. Kroschel, Landgerichtsdirektor, Langfuhr-Danzig.
Dr. Krückmann, Paul, Professor, Münster i. W., Burchhardstr. 14.
Krug, V., Rechtsanwalt, Frankfurt a. M., Savignystr. 6.
Dr. Krüger, E., Dozent, Calw.
Krüger, E., Justizrat, Halberstadt, Heinrich Juliusstr. 6.
Krüll, Georg, Rechtsanwalt, Elberfeld.
Krumbiegel, Notar, Elberfeld.
Kübler, Geh. Ober-Justizrat und vortragender Rat im Justizministerium, Mitglied des Heroldsamts, Berlin W. 15, Kurfürstenstr. 56.
Dr. Kübler, B., Professor, Gr.-Lichterfelde-Ost, Auguststr. 14.
Küchendahl, Geh. Justizrat, Rechtsanwalt, Notar, Stettin.
Kuhbier, Amtsrichter, Marienwerder.
Kukuk, Rechtsanwalt, Blankenese.
Kühn, Ernst, Rechtsanwalt, Notar, Meerane i. S.
Kulemann, W., Landgerichtsrat, Bremen, Kaiser Friedrichstr. 15.
Dr. Kulenkampff, Jul., Rechtsanwalt, Bremen, Domsheide 3.
Kulenkampff, Herm., Rechtsanwalt, Bremen, Domsheide 3.
Kunau, Justizrat, Rechtsanwalt, Notar, Obisfelde.
Kunckel, Max, Justizrat, Rechtsanwalt, Notar, Landsberg a. d. Warthe.
Kunkel, Bürgermeister, Königsberg i. Pr.
Kunze, Amtsrichter, Kiel, Beseler-Allee 32.
Küntzel, Ober-Landesgerichtsrat, Naumburg a. S., Breithauptstr. 3.
Dr. Küntzel, Wirklicher Geheimer Rat, Unterstaatssekretär im Justizministerium, Exzellenz, Berlin W. 35, Genthinerstr. 39.
Dr. Kunz, Geh. Justizrat, vortragender Rat im Kgl. Sächs. Justizministerium Dresden-N., Düppelstr. 1.
Kurlbaum, Rechtsanwalt, Leipzig, Sebastian Bachstr. 7.
Kurnick, Rechtsanwalt und Notar, Justizrat, Landeshut i. Schl.
Kusel, A., Rechtsanwalt, Karlsruhe i. B., Friedrichsplatz 10.
Dr. Küttner, Landrichter a. D., Privatdozent, Grunewald, Höhmannstr. 6.
Ladewig, Fritz, Rechtsanwalt, Berlin N. 39, Pankstr. 33; Privat: W. 30, Hohenstaufenstr. 52.
Lagro, Rechtsanwalt, Berlin W. 66, Mauerstr. 78/79.
Lähr, Amtsgerichtsrat, Belgard (Pommern).
Lamp, Theodor, Rechtsanwalt, Notar, Elmshorn i. Holstein.
Dr. Lamprecht, Landrichter, Hamburg, Sophienterrasse 3.
Landau, Adolf, Rechtsanwalt, Berlin C. 19, Kurstr. 20/21.
Dr. Landau, Felix, Rechtsanwalt, Justizrat, Berlin W. 8, Jägerstr. 58.
Landé, Amtsrichter, Berlin W. 15, Olivaerplatz 9.
Dr. Landsberg, Amtsrichter, Kiel.
Landsberg, Rechtsanwalt, Justizrat, Posen, Friedrichstr. 5.
Landsberger, Felix, Rechtsanwalt, Oels (Schlesien).
Langowski, J., Rechtsanwalt, Notar, Stuhm.
Lange, Rechtsanwalt, Justizrat, Straßburg (Elsaß), Am Roseneck 1.
Dr. Langen, Professor, Münster i. W.
Dr. Langenbach, Gerichtsassessor, Worms, Goethestr. 15.
Lasker, Justizrat, Landsberg a. W.

Lau, Justizrat, Danzig.
Laué, Walter, Rechtsanwalt, Notar, Justizrat, Berlin SW. 68, Kochstr. 9.
Dr. Lax, Amtsrichter, Bünde i. W.
Lazarus, M., Rechtsanwalt, Justizrat, Berlin SW. 68, Lindenstr. 112.
Dr. Leander, Rechtsanwalt, Berlin SW. 68, Zimmerstr. 16/17.
Dr. Lebin, Geheimer Justizrat, Berlin SW. 68, Friedrichstr. 44.
Dr. Lebin, Ernst, Rechtsanwalt, Berlin SW. 68, Friedrichstr. 44.
Lebram, Rechtsanwalt, Stettin.
Leers, Rechtsanwalt, Berlin SW. 68, Lindenstr. 10.
Dr. Lehfeld, Robert, Rechtsanwalt, Justizrat, Berlin W. 62, Schillstr. 32.
Dr. Lehmann, Staatsanwalt, Berlin-Charlottenburg, Knesebeckstr. 33.
Dr. Lehmann, Richard, Kaiserlicher Regierungsrat, ständiges Mitglied des Reichsversicherungsamts, Grunewald, Knausstr. 10.
Dr. Lehmann, Karl, Professor, Rostock i. M., Paulstr. 52.
Dr. Lehmann, Heinrich, Privatdozent, Bonn a. Rh., Argelanderstr. 124.
Dr. Lehmann, Rud., Rechtsanwalt, Leipzig-Schleußig, Moschelesstr. 11.
Dr. Lehmann, Rechtsanwalt, Potsdam, Brandenburgerstr. 25.
Dr. Lehmann, Rechtsanwalt, Stettin, Rosengarten 1.
Lehnebach, R. A., Rechtsanwalt, Straßburg i. E., Münstergasse 22.
Dr. Leidig, Regierungsrat a. D., Professor, Berlin W. 15, Pfalzburgerstraße 72a.
Dr. Leipziger I, Georg, Rechtsanwalt, Breslau, Ring 25.
Leiser, Julius, Rechtsanwalt, Metz, Kaiser Wilhelm Ring.
Dr. Lemberg, Arthur, Rechtsanwalt, Breslau V, Schweidnitzer Stadtgraben 10.
Dr. Lenel, Otto, Geheimer Rat, Professor, Freiburg i. B., Holbeinstr. 5.
Dr. Lennig, Rechtsanwalt, Straßburg i. E., Broglieplatz 20.
Lenzberg, Georg, Justizrat, Hannover, Artilleriestr. 29.
Dr. Leonhard, Franz, Universitäts-Professor, Marburg.
Leonhard, Rechtsanwalt und Notar, Swinemünde, Kl. Markt 6.
Dr. Leonhard, Rudolf, Geh. Justizrat, Professor, Breslau, Kleinburg, Lindenallee 6.
Dr. Leser, Walter, Ober-Amtsrichter, Mannheim, L. 4. 1.
Leuchert, Ober-Landesgerichtsrat, Colmar i. E., Hochlandsbergwall 24.
Levi, R., Rechtsanwalt, Stuttgart.
Dr. Levin, Robert, Rechtsanwalt, Justizrat, Berlin NW. 40, Roonstr. 10.
Dr. Levis, Otto, Oberamtsrichter, Pforzheim, Lindenstr. 17.
Dr. Levis, Arthur, Rechtsanwalt, Karlsruhe i. B., Kreuzstr. 8.
Levot, M., Rechtsanwalt, Justizrat, Cöln a. Rh., Elisenstr. 23.
Dr. Levy, J. A., Advokat, Amsterdam, Meerengracht 210.
Levy, Leopold, Amtsgerichtsrat, Wilmersdorf, Trautenaustr. 11.
Dr. J. Levy, Redakteur der Vossischen Zeitung, Berlin C. 2, Breitestr. 8.
Levy, H., Rechtsanwalt, Justizrat, Berlin C. 19, Seydelstr. 3.
Levy, Julius, Rechtsanwalt, Berlin C. 2, Stralauerstr. 13/14.
Dr. Levy, Rechtsanwalt, Cassel.
Lewel, Rechtsanwalt, Notar, Justizrat, Kalkberge-Rüdersdorf, Tampferstr. 11.
Lewin, G., Amtsgerichtsrat, Magdeburg, Oranienstr. 11.

Lewin II, Ludwig, Rechtsanwalt, Berlin W. 9, Potsdamerstr. 23.
Dr. Lewin, Max, Rechtsanwalt, Justizrat, Berlin SW. 11, Prinz Albrechtstraße 3.
Dr. Lewin, Rechtsanwalt, Stettin, Breitestr. 33.
Dr. Lewinski, Rechtsanwalt und Notar, Justizrat, Charlottenburg, Fasanenstraße 83.
Lewinski, Rechtsanwalt, Berlin N. 24, Friedrichstr. 112b.
Lewinsky, Adolf, Rechtsanwalt, Berlin SO. 26, Dresdenerstr. 135.
Lewinsky, Rechtsanwalt und Notar, Danzig-Langfuhr.
Dr. Lewinsohn, Josef, Rechtsanwalt, Berlin W. 8, Jägerstr. 20.
Dr. Leyser, Justizrat, Rechtsanwalt, Charlottenburg, Kurfürstendamm 243.
Dr. Leyser, Emil, Rechtsanwalt, Leipzig, Petersstr. 12.
Dr. Lichtenberger, Gustav L., Rechtsanwalt, Ludwigshafen a. Rh, Badische Anilin- und Sodafabrik.
Dr. Lichtenstein, Rechtsanwalt, Danzig.
Liebenthal, Justizrat, Berlin W. 35, Genthinerstr. 22.
Dr. Liebknecht, Karl, Rechtsanwalt, Berlin N. 4, Chausseestr. 121.
Dr. Liebke, Rechtsanwalt, Notar, Flensburg.
Liebtke, Rechtsanwalt, Berlin W. 62, Blumeshof 12.
Dr. Liefmann, Robert, Professor, Freiburg i. B., Goethestr. 33.
Liepmann, Professor, Kiel, Moltkestr. 42.
Lietzmann, Rechtsanwalt, Fritzlar.
Dr. v. Lilienthal, Karl, Professor, Geheimer Hofrat, Heidelberg, Ziegelhauser Landstr. 30.
Lilienthal, Rechtsanwalt, Justizrat, Berlin C. 2, Breitestr. 11.
Dr. Linckelmann, Rechtsanwalt und Notar, Justizrat, Hannover.
Linbeck, Anton, Rechtsanwalt, Mannheim.
Lindenberg, Landgerichtspräsident, Geh. Ober-Justizrat, Berlin W. 50, Ansbacherstr. 15.
Dr. Lippmann, Jul., Rechtsanwalt, Hamburg, Bleichenbrücke 10.
Lisco, Justizrat, Berlin W. 8, Mauerstr. 37.
Dr. Lisco, Wirklicher Geheimer Ober-Justizrat, Staatssekretär des Reichs-Justizamts, Berlin W. 9, Voßstr. 5.
Dr. Lissauer, Fritz, Rechtsanwalt, Fürstenwalde a. Spree.
Lißner, J., Rechtsanwalt, Berlin SO. 16, Brückenstr. 9.
Dr. v. Liszt, Franz, Geh. Justizrat, Professor, Charlottenburg, Hardenbergstr. 19.
Dr. jur. Litten, a. o. Professor a. d. Univ. Halle a. S., Burgstr. 43.
Dr. Loeb, J., Rechtsanwalt, Mannheim.
Dr. Lobe, Oberlandesgerichtsrat, Dresden, Reissigerstr. 9 II.
Dr. Löhmann, W., Justizrat, Rechtsanwalt, Notar, Flensburg.
Löhmann, R., Senatspräsident am Hanseatischen Oberlandesgericht, Hamburg, Uhlenhorstweg 11.
Dr. Loehr, Joseph, Direktor der Bayer. Handelsbank, kgl. Griechischer Generalkonsul, München, Akademiestr. 11.
Dr. Lohse, G., Geheimer Hofrat und Justizrat, Rechtsanwalt, Notar, Leipzig, Katharinenstr. 20.

Lohse, Rechtsanwalt, Oldenburg i. Gr., Kasinoplatz 4.
Dr. Loening, Edgar, Geh. Justizrat, Professor, Halle a. S.
Dr. Loock, Landrichter, Berlin, Charlottenburg, Schillerstr. 127 III.
Loening, Gerichtsassessor, Langfuhr-Danzig, Am Johannisberg 19.
Lorenz, Kammergerichtsrat, Berlin W. 30, Luitpoldstr. 13.
Dr. Lorenz, Oberlandesgerichtsrat, Breslau, Kaiser Wilhelmstr. 187.
Löser, Ottomar, Rechtsanwalt, Frankfurt a. d. Oder.
Dr. Loevinsohn, Amtsgerichtsrat, Marienburg, W.-Pr., Langgasse.
Dr. Loevinsohn, Martin, Rechtsanwalt, Justizrat, Berlin W. 35, Magdeburgerstr. 22.
Loewe, Fritz, Rechtsanwalt, Berlin NW. 7, Friedrichstr. 154.
Loewe II, Alphons, Rechtsanwalt, Spandau, Potsdamerstr. 40.
Dr. Loewenfeld, Rechtsanwalt, Justizrat, Berlin NW. 21, Rathenowerstraße 78.
Dr. Loewenfeld, Th., Rechtsanwalt und Universitätsprofessor, München, Pfandhausstr. 3 I.
Loewenstein. Rechtsanwalt, Paderborn i. W.
Löwenthal, Otto, Rechtsanwalt und Notar, Justizrat, Altona, Klopstockstraße 25.
Löwenthal, F., Rechtsanwalt, Notar, Schwerin (Mecklenburg).
Loewenthal, Max, Rechtsanwalt, Berlin W. 8, Kanonierstr. 8.
Dr. Loewy, Emil, Rechtsanwalt, Justizrat, Berlin W. 9, Leipzigerstr. 19 II.
Dr. Lubszinski, Julius, Rechtsanwalt, Berlin W. 21, Potsdamerstr. 23 a.
Dr. Lucas, Ministerialdirektor, Wirkl. Geh. Ober-Justizrat, Gr. Lichterfelde, Theklastr. 11.
Lückerath, C., Rechtsanwalt, Notar, Mettmann.
Ludwig, Prinz von Bayern, Kgl. Hoheit, München.
Dr. Lukas, Josef, Professor der Rechte, Münster i. W., Hufferstr. 4 a.
Lunglmayr, K., Oberlandesgerichtsrat, München, Tengstr. 5/3.
Lurje, Justizrat, Stettin, Reifschlägerstr. 17/18.
Lustig, Eugen, Rechtsanwalt, Justizrat, Gleiwitz.
Dr. Lütgebrune, Walter, Rechtsanwalt, Göttingen, Alleestr. 2.
Dr. Lütgens, A., Hamburg, Gr. Hausdorf.
Lüttkemann, W., Notar, Hannover, Georgsplatz 10.
Lüttkens, N., Justizrat, Altona a. E., Schillerstr. 22.
Lützeler, Aug., Kaiserl. Notar, Maasmünster.
Dr. Maas, Georg, Bibliothekar am Reichsmilitärgericht, Professor, Zehlendorf, Berlinerstr. 8.
Dr. Maas, Oberlandesgerichtsrat, Karlsruhe i. B.
Machol, Rechtsanwalt, Königstein a. Taunus.
Magnus, Julius, Rechtsanwalt, Berlin NW. 7, Dorotheenstr. 51.
Maier, Rudolf, Kgl. Amtsrichter, Wegscheid i. Niederbayern.
Mainhard, Oberlandesgerichtsrat, Karlsruhe i. B., Leopoldstr. 4.
Dr. Mallmann, Landgerichtspräsident, Coblenz.
Manasse I, Rechtsanwalt, Grünberg.
Dr. phil. et jur. Manes, Professor und Generalsekretär des deutschen Vereins für Versicherungs-Wissenschaft, Berlin W. 50, Pragerstr. 26.

Mangold, Referendar, Danzig, Amtsgericht.
Dr. Manigk, A., ord. Professor der Rechte, Königsberg i. Pr.
Mankiewitz, Georg, Rechtsanwalt, Justizrat, Berlin W. 64, Behrenstr. 22.
Dr. Mann, Richard, Rechtsanwalt, Frankenthal i. Pfalz.
Dr. Mann, R., Rechtsanwalt, Justizrat, Stettin.
Mansen, Justizrat, Dortmund, Ludwigstr. 10.
Dr. Mansfeld, Reichsgerichtsrat, Leipzig-Gohlis, Fechnerstr. 3.
Marba, Rechtsanwalt, Berlin W. 64, Behrenstr. 68/69.
Marcus, Josef, Amtsgerichtsrat, Berlin S. 59, Hasenheide 67.
Marcus, Gustav, Justizrat, Guben.
Marcus, Rechtsanwalt, Berlin W. 8, Friedrichstr. 61.
Marcuse, Th., Rechtsanwalt, Berlin SW. 48, Friedrichstr. 227.
Marggraf, Herrmann, Rechtsanwalt, Berlin W. 35, Potsdamerstr. 46.
Markowitz, Rechtsanwalt, Notar, Schildberg i. Posen.
Markwald, Alexander, Rechtsanwalt, Justizrat, Berlin W. 8, Mohrenstr. 10.
Marquardt, Rechtsanwalt, Rosenberg, W.-Pr.
Dr. Martin, R., Senatspräsident, Hamburg 37, Werderstr. 42.
Martin, Eugen, Justizrat, Rechtsanwalt, Nürnberg, Adlerstr. 33.
Dr. v. Martitz, Professor, Geh. Ober-Regierungsrat, Berlin W. 15, Pfalzburgerstr. 85/86.
Marum, Rechtsanwalt, Karlsruhe i. B.
Marwedel, Kgl. Zollsekretär, Danzig.
Dr. Marwitz, Oberlandesgerichtsrat, Kiel.
Dr. Marx, Adolf, Rechtsanwalt, Mannheim.
Dr. Marx, Rechtsanwalt, Karlsruhe i. B., Kaiserstr. 95.
Marxheimer, Rechtsanwalt, Wiesbaden, Adelheidstr. 46.
Maschke, Georg, Justizrat, Rechtsanwalt, Notar, Konitz i. Westpr., Denkmalsplatz 7.
Dr. Maschkowski, Rechtsanwalt, Karthaus W.-Pr.
Matthaei, F., Amtsgerichtsrat, Hannover, Ubbenstr. 5 I.
Dr. Matthias, Professor, Rostock i. M., Stefanstr. 13a.
Maubach, Justizrat, Notar, Koblenz.
Maur, Justizrat, Coblenz a. R.
Dr. Maut, Amtsgerichtsrat, Schleswig, Moltkestr. 5.
Dr. Mayer, Carl, Rechtsanwalt, Justizrat, Cöln a. Rh., Georgstr. 5a.
Dr. Mayer, Moritz, Rechtsanwalt, Frankenthal (Pfalz).
Dr. Mayer, F. Carl, Justizrat, Schwäb. Gmünd.
Dr. Mayer, Max Ernst, Professor, Straßburg i. E., Universitätsstr. 38.
Mayer, Bernhard, Rechtsanwalt, Straßburg i. E., Kleberstaden 16.
Dr. Mayer, Gustav, Rechtsanwalt, Mannheim.
Mayer, Oskar, Rechtsanwalt, Mannheim O. 4. 16.
Dr. Mayer, Otto, Professor, Leipzig, Kronprinzstr. 15.
Mecke, W., Amtsgerichtsrat, Düsseldorf, Mozartstr. 17.
Mehnert, Carl, Rechtsanwalt, Altenburg, S.-A.
Meibauer, Rechtsanwalt, Justizrat und Notar, Flatow i. Westpr.
Dr. Meier, W., Rechtsanwalt, Karlsruhe i. B., Kaiserstr. 112.
Dr. Meier, Rechtsanwalt, Pforzheim.

Meinhard, Rechtsanwalt, Berlin W. 8, Leipzigerstr. 98.
Meinzinger, Rechtsanwalt, Landau.
Meisner, Christian, Rechtsanwalt, Würzburg.
Meister, Rechtsanwalt, Justizrat, Stettin, Bismarckstr. 6.
Dr. Mendel, Rechtsanwalt, Dresden, Marschallstr. 27 I.
Menzel, Rechtsanwalt, Notar, Dirschau, W.-Pr.
Menzen, Rechtsanwalt, Bonn a. Rh.
Dr. Menzen, Gerichtsrat, Frankfurt a. M.-Eschersheim, Villa Christa.
Merfeld, W., Landgerichtsrat, Berlin W. 50, Regensburgerstr. 34.
Merckle, Rechtsanwalt, Frankenthal (Pfalz).
Dr. Merkel, Professor, Greifswald, Steinstr. 11.
Dr. Merkel, R., Professor, Freiburg i. B., Zasiusstr. 49.
Merschberger, Staatsanwaltschaftsrat, Wilmersdorf, Xantenerstr. 1.
Merzbacher, Justizrat, Nürnberg.
Dr. Meschelsohn, Justizrat, Berlin W. 10, Hohenzollernstr. 24.
Messow, Alfred, Rechtsanwalt, Justizrat, Berlin C. 2, Burgstr. 29.
Metz, August, Rechtsanwalt, Justizrat, Gießen.
Dr. Metzel, Privatgelehrter, Stettin, Lindenstr. 21, p. l.
Dr. Meumann, Rechtsanwalt, Essen a. d. Ruhr, Hagenstr. 31.
Dr. Meurer, Professor, Würzburg.
Meuser, Paul, Rechtsanwalt, Justizrat, Cöln a. Rh., Spichernstr. 28.
Dr. med. et jur. Meyer, Th., Privatdozent, Jena, Herderstr. 3.
Dr. Meyer, Rechtsanwalt, Justizrat, Danzig, Jopengasse 53 I.
Dr. Meyer, Fritz, Justizrat, Frankfurt a. M., Neue Zeil 63.
Meyer, Otto, Oberlandesgerichtsrat, Celle, Hannoverschestr. 3 I.
Dr. Meyer, Oskar, Rechtsanwalt, Berlin SW. 61, Belle-Alliancestr. 92.
Meyer, Paul, Rechtsanwalt, Justizrat, Berlin SW. 48, Friedrichstr. 239.
Dr. Meyer, Friedrich, Arthur, Rechtsanwalt, Berlin SW. 61, Belle-Allianceplatz 3.
Meyer, Bernhard, Rechtsanwalt, Notar, Brandenburg a. H.
Dr. Meyer, Max, Rechtsanwalt, Justizrat, Frankfurt a. M., Stiftstr. 22 III.
Meyer, Eugen, Rechtsanwalt, Freiburg i. B.
Dr. Meyer III, Ludwig, Rechtsanwalt, Hannover, Schillerstr. 32.
Meyer, A. R. G., Rechtsanwalt, Notar, Geheimer Justizrat, Ostrowo.
Meyer, Edwin, Rechtsanwalt, Notar, Justizrat, Tilsit, Kasernenstr. 24.
Dr. Meyer von Schauensee, Pl., Obergerichtsvizepräsident, Luzern.
Meyerhoff, Georg, Rechtsanwalt, Nicolassee, Libellenstraße.
Meyerowitz, Martin, Rechtsanwalt, Königsberg i. Pr., Steindamm 50.
Meyerowitz, Arthur, Rechtsanwalt, Königsberg i. Pr., Mitteltragheim 16.
Meyerstein, Eduard, Rechtsanwalt, Syndikus der Handelskammer, Berlin NW. 7, Dorotheenstr. 7/8.
Dr. Meyßner, Erich, Justizrat, Berlin W. 8, Kronenstr. 73/74.
Michaelis, Richard, Oberlandesgerichtsrat, Colmar i. E.
Dr. Michaelis, Max, Rechtsanwalt, Berlin W. 64, Charlottenstr. 59.
Dr. Michaels, Walter, Assessor, Hamburg, Rotenbaumchaussee 65.
Michal, Julius, Ober-Regierungsrat, Direktor des Zellengefängnisses, Nürnberg, Fürtherstr. 114.

Dr. Michel, J., Notar, Oberbronn i. E.
Middeldorf, Georg, Amtsrichter, Vlotho a. W.
Mierzejewski, Rechtsanwalt, Notar, Justizrat, Myslowitz, O.-Schl.
Migge, Rechtsanwalt, Danzig.
Dr. Milch, Rechtsanwalt, Breslau I, Zwingerplatz 1.
Dr. Minden, Georg, Direktor des Pfandbriefamtes, Berlin W. 62, Kleiststr. 1.
Miquel, Amtsgerichtsrat, Harburg a. E.
Dr. Misch, Emil, Rechtsanwalt, Justizrat, Berlin C. 2, Neue Friedrichstr. 71.
Dr. Mitteis, L., Professor, Leipzig, Hillerstr. 9.
Dr. Mittelstaedt, Rechtsanwalt, Leipzig, Markgrafenstr. 4.
Dr. Mittelstein, Max, Oberlandesgerichtsrat, Hamburg, Klosterallee 49.
Dr. Mittelstraß, A., Rechtsanwalt, Hamburg, Gr. Bleichen 42.
Dr. Mittermaier, W., Professor, Gießen, Liebigstr. 36.
Mitzlaff, A., Landgerichtsrat a. D., Danzig, Sandgrube 27a.
Mohr, O., Rechtsanwalt, Rudolstadt i. Th.
Mohrmann, Justizrat, Verden i. Hannover.
Dr. Moll, H., Justizrat, Berlin W. 35, Karlsbad 26.
Möller I, C., Rechtsanwalt, Kiel, Holstenstr. 73, I.
Moninger, Carl, Direktor und Handelsrichter, Karlsruhe i. B., Friedenstr. 1.
von Morgenstern, Amtsrichter, Culm a. W.
Morris, Georg, Rechtsanwalt, Berlin SW. 48, Friedrichstr. 16.
Morsbach, Rechtsanwalt, Justizrat, Bonn.
Dr. Mothes, Rudolf, Rechtsanwalt, Leipzig, Burgstr. 35.
Motty, Rechtsanwalt, Justizrat, Grätz, (Posen).
Motzkau, Rechtsanwalt, Notar, Loetzen.
Mügel, Wirkl. Geh. Oberjustizrat, Direktor und vortragender Rat im Justizministerium, Berlin W. 15, Kurfürstendamm 32.
Moyk, Erich, Rechtsanwalt, Notar, Schlochau, Westpreußen.
Dr. Mühsam, Benno, Rechtsanwalt, Justizrat, Berlin SW. 19, Leipzigerstr. 57.
Müller, Rechtsanwalt, Oliva i. Pr.
Müller, Rechtsanwalt, Notar, Justizrat, Demmin.
Müller, L., Rechtsanwalt, Notar, Justizrat, Glogau, Poststr. 1.
Dr. Müller, Ernst, Rechtsanwalt, Justizrat, Metz, Esplanaden 4.
Dr. Müller, A., Rechtsanwalt, Metz, Esplanadenstr. 4.
Müller-Erzbach, Professor, Königsberg i. Pr.
Mundt, Amtsrichter, Danzig, Sandgrube 28 a.
Munk, Landgerichtsdirektor, Geh. Justizrat, Berlin-Dahlem, Cronbergerstr. 24.
Münsterberg, Kommerzienrat, Danzig.
Dr. Muskat, Eugen, Amtsgerichtsrat, Waldenburg i. Schl.
Mylord, Rechtsanwalt, Neumünster (Bez. Kiel).
Nathan, Rechtsanwalt, Breslau I, Schweidnitzerstr. 37.
Dr. Nauen, Victor, Rechtsanwalt, Mannheim.
Naumann, C., Rechtsanwalt, Notar, Justizrat, Lüchow (Prov. Hannover).
Neckel, Leopold, Oberlandesgerichtsrat, Karlsruhe i. B., Amalienstr. 22.
Nemnich, Landgerichtsrat, Cöln a. Rh., Richard Wagnerstr. 10.
Neßler, Landgerichtsrat, Karlsruhe i. B., Grashofstr. 3.
Neubauer, Senatspräsident, Geh. Oberjustizrat, Berlin W. 50, Würzburgerstr. 3.

Dr. Neubecker, Professor an der Universität, Berlin-Charlottenburg, Kantstraße 118/119.

Neuber, Landrichter, Langfuhr-Danzig, Hochschulweg 7.

Neuburger, Rechtsanwalt, Baden-Baden.

Neuer, Wilhelm, Rechtsanwalt, Justizrat, Cöln a. Rh., Langgasse 23.

Neufeld, Rechtsanwalt, Berlin W. 35, Potsdamerstr. 29.

Neuhaus, Max, Rechtsanwalt, Frankfurt a. M., Kleiner Hirschgraben 4.

Dr. Neukamp, Reichsgerichtsrat, Leipzig.

Dr. Neukirch, Carl, Rechtsanwalt, Frankfurt a. M., Goethestr. 25.

Dr. Neumann, Amtsgerichtsrat, Breslau, Goethestr. 19, I.

Neumann, Victor, Justizrat, Notar, Breslau I, Königstr. 5.

Neumann I, S., Rechtsanwalt, Notar, Justizrat, Berlin W. 9, Linkstr. 16.

Neumann, Ad., Justizrat, Sorau (Niederlausitz).

Dr. Neumann, Hugo, Rechtsanwalt b. Kammergericht, Notar, Justizrat, Berlin W. 35, Potsdamerstr. 118.

Neumann, Rechtsanwalt, Rosenberg.

Neumann, Rechtsanwalt, Neustadt, Westpreußen.

Neumann, Gerichtsassessor, Danzig, Pfefferstadt 72.

Dr. Neumann, Ernst, Gerichtsassessor, Charlottenburg, Bismarckstr. 111.

Dr. Neumann, Staatsanwalt, Aachen, Lothringerstr. 109.

Neusch, Rechtsanwalt, Gleiwitz.

Dr. Nichterlein, Rechtsanwalt, Danzig, Karrenwall 9.

Niebner, Alexander, Kammergerichtsrat, Berlin NW. 23, Klopstockstr. 59.

Dr. Niemeyer, Professor, Kiel.

Dr. Niese, Otto, Magistratsassessor, Berlin NW. 21, Bochumerstr. 10.

Niese, Rechtsanwalt, Notar, Justizrat, Kiel, Holstenstr. 104.

Nitsch, Amtsgerichtsrat, Danzig, Am Stadtgraben 18.

Nowoczyn, Justizrat, Neustadt, Westpreußen.

Dr. Nußbaum, Julius, Rechtsanwalt, Berlin SW. 48, Wilhelmstr. 6.

Dr. Oberneck, Rechtsanwalt, Notar, Justizrat, Berlin W. 9, Potsdamerstraße 134 b.

Obrecht, G., Justizrat, Metz, Bankstraße.

Oehlschlaeger, Landgerichtsrat, Danzig, Straußgasse 1.

Ohrt, Friedrich, Rechtsanwalt bei dem Kgl. Oberlandesgericht Kiel.

Olbricht, Erster Staatsanwalt, Lüneburg.

Dr. Oelenheinz, Rechtsanwalt, Karlsruhe i. B., Amalienstr. 24.

Dr. Oelsner, Justizrat, Rechtsanwalt, Notar, Frankfurt a. M., Bockenheimer Landstr. 2.

Ollendorff, Rechtsanwalt, Breslau, Zwingerplatz 2.

Ollmann, P., Rechtsanwalt, Justizrat, Greifswald, Bahnhofstr. 50.

Dr. Olshausen, Wirklicher Geheimer Rat, Reichsgerichts-Senatspräsident a. D., Charlottenburg 5, Witzlebenstr. 31.

Dr. Olshausen, Landrichter, Potsdam.

Dr. Opet, Otto, Amtsgerichtsrat, Professor, Kiel, Holtenauerstr. 85.

Oppenheim, R., Rechtsanwalt, Berlin W. 10, Friedrich Wilhelmstr. 8.

Oppenheim, Rudolf, Assessor, Berlin W. 10, Friedrich Wilhelmstr. 8.

Dr. Oppenheimer, Paul, Amtsrichter, Altona.

Dr. Oppenheimer, E., Rechtsanwalt, Justizrat, Berlin W. 8, Mauerstr. 34.
Dr. Oppenheimer, J., Rechtsanwalt, Frankfurt a. M., Goethestr. 2.
Dr. Oppenheimer, R. L., Rechtsanwalt, Hamburg, Hohe Bleichen.
Oppenheimer, Salomon, Rechtsanwalt, Karlsruhe i. B., Kreuzstr. 8.
Dr. Oppermann, W., Gerichtsassessor, Wilsdruff b. Dresden.
Dr. Oppermann, Reichsgerichtsrat, Leipzig, Egelstr. 5.
Oppler, Leo, Oberlandesgerichtsrat, Colmar i. E.
Orgler, Kurt, Rechtsanwalt, Barmen.
Dr. Orgler, Rechtsanwalt, Posen.
Dr. Ortlieb, Gerichtsassessor, Berlin NW. 52, Spenerstr. 25a.
Dr. jur. et phil. Oertmann, Paul, Professor, Erlangen.
Dr. jur. Osterrieth, Professor, Schriftsteller, Berlin W. 66, Wilhelmstr. 57/58.
Dr. Oswalt, Henry, Justizrat, Frankfurt a. M., Bockenheimer Landstr. 2.
Dr. von Otto, Viktor, Justizminister, Dresden, Bürgerwiese 25.
Dr. v. Overbeck, A., Freiherr, Professor der Rechte, Freiburg i. Schweiz, Villa Felix.
Dr. Pabst, Landrichter, Lübeck, Friedrich Wilhelmstr. 40.
Dr. Paechter, Rechtsanwalt, Berlin W. 35, Kurfürstenstr. 148.
Padscher, Rechtsanwalt, Berlin W. 15, Kurfürstendamm 29.
Pallaske, Rechtsanwalt, Notar, Justizrat, Liegnitz, Goldbergerstr. 17.
Dr. Panther, Rechtsanwalt, Mannheim.
Dr. Pape, Ernst, Kammergerichtsrat, Berlin W. 15, Meierottostr. 3.
Dr. Pappenheim, Max, Geheimrat, Professor, Kiel, Moltkestr. 57.
Partikel, Rechtsanwalt, Berent, Westpreußen.
Dr. jur. et phil. Passow, Rich., Professor, Aachen, Eupenerstr. 131.
Pauli, Emil, Landgerichtsrat, Berlin NW. 87, Alt-Moabit 73.
Pauli, Wilhelm, Staatsanwalt, Straßburg i. E.
Freiherr von Pechmann, W., Direktor der Bayerischen Handelsbank, München, Maffeistr. 5, II.
Peiser, Heinrich, Landgerichtsrat, Danzig.
Dr. Perels, Leopold, Privatdozent, Gerichtsassessor, Heidelberg, Brückenstraße 39.
Dr. jur. Perels, Kurt, Professor des öffentlichen Rechts, Hamburg, Loogestieg 13.
Pergament, Michael, Professor, St. Petersburg, Wassili-Ostrow-Linie 10, Haus 41.
Dr. Perl, Rechtsanwalt, Justizrat, Berlin W. 35, Potsdamerstr. 108.
Dr. von Pestalozza, Anton, Graf, Rechtsanwalt, München, Sendlingerstraße 13, I.
Peters, J., Rechtsanwalt, Bonn a. Rh., Wilhelmstr. 30.
Dr. Peters, Reichsgerichtsrat, Leipzig, Beethovenstr. 14.
Peters, Norbert, Rechtsanwalt, Coblenz, Löhrstr. 31.
Dr. Petersen, Chr., Rechtsanwalt, Notar, Flensburg, Großestr. 1, I.
Petrich, Rechtsanwalt, Notar, Justizrat, Samter.
Petzall, Berthold, Rechtsanwalt, Berlin C. 2, Neue Friedrichstr. 21.
Dr. Pfefferle, Gerichtsassessor, Karlsruhe i. B., Lenzstr. 10.

Pfeiffer, Oberlandesgerichtsrat, Geh. Justizrat, Stettin, Karkutschestr. 2, I.
Dr. Pfersdorff, Fritz, Rechtsanwalt, Straßburg i. E., Eisernermannsplatz 4.
Pfitzner, Georg, Landgerichtsrat, Frankfurt a. M., Oberer Atzemer 4.
Dr. Pflüger, Professor, Bonn, Kaiser Friedrichstr. 7.
Philippi, Rechtsanwalt, Metz, Bärenstr. 4.
Dr. Philippsborn, Referendar, Berlin W. 15, Fasanenstr. 22.
Dr. Philipsen, Amtsgerichtsrat, Langfuhr-Danzig, Hauptstr. 56.
Pick, Amtsrichter, Berlin O. 112, Finowerstr. 20, II.
Dr. Pigge, Amtsrichter, Langfuhr-Danzig, Parkweg.
Dr. Pilling, Carl, Oberjustizrat, Dresden, Feldgasse 10.
Pincus II, Georg, Rechtsanwalt, Justizrat, Berlin W. 8, Französischestr. 8.
Pinner, Albert, Rechtsanwalt, Justizrat, Berlin W. 64, Behrenstr. 58.
Pinner, Sally, Gerichtsassessor, Berlin O. 27, Wallner Theaterstr. 7.
Dr. Piper, Landgerichtspräsident, Neustrelitz, Seestr. 32.
Pistorius, Rechtsanwalt, Magdeburg, Breiteweg 215.
Plaschke, Geh. Oberjustizrat, vortragender Rat im Justizministerium, Berlin W. 8, Motzstr. 51.
Dr. von Plehwe, Kanzler, Oberlandesgerichtspräsident, Königsberg i. Pr. Tragheim, Pulverstr. 19, I.
Pletscher, K., Rechtsanwalt, Rastatt, Schloßstraße.
Ploch, Staatsanwaltschaftsrat, Danzig.
Plonsker, Amtsgerichtsrat, Schwetz a. W.
Plonsker, Rechtsanwalt, Notar, Berlin N. 20, Badstr. 60.
Dr. Polzin, Gerichtsassessor, Hannover, Hallerstr. 1 b.
Pomorski, Rechtsanwalt, Justizrat, Ostrowo.
Ponath, Carl, Justizrat, Rechtsanwalt, Notar, Tuchel, Westpreußen.
Dr. Pöppel, Rechtsanwalt, Justizrat, Grunewald, Fontanestr. 8, I.
Posner, Herrmann, Rechtsanwalt, Berlin W. 66, Wilhelmstr. 88.
Dr. Posener, Paul, Assessor, Charlottenburg, Bleibtreustr. 18.
Dr. Pralle, R., Rechtsanwalt, Notar, Bremen.
Prebari, Reichsgerichtsrat, Leipzig, Hardenbergstr. 23.
Preibisch, Rechtsanwalt, Justizrat, Berlin SO., Köpenickerstr. 116.
Preiß, Rechtsanwalt, Tarnowitz.
Prerauer, Rechtsanwalt, Notar, Justizrat, Berlin W. 8, Charlottenstr. 49.
Priester, Harry, Rechtsanwalt, Berlin SW. 68, Zimmerstr. 21.
von Prittwitz und Gaffron, Oberstaatsanwalt, Geh. Oberjustizrat, Naumburg a. S.
Prym, Emil, Rechtsanwalt, Düren i. Rhld., Südstr. 13.
Dr. Pudel, Rechtsanwalt, Mannheim.
Rabe, Oberstaatsanwalt, Cöln a. Rh., Richard Wagnerstr. 39.
Dr. Rabel, Ernst, Universitätsprofessor, Kiel.
Rabenhofer, Joseph, Oberlandesgerichtsrat, München, Sonnenstr. 3.
Dr. jur. Radbruch, Gustav, Privatdozent der Rechte, Ziegelhausen bei Heidelberg, Villa Stiftsmühle.
Raddatz, Oberlandesgerichtsrat, Geh. Justizrat, Posen, Friedenstr. 5.

Radlauer, Landgerichtsrat, Halle a. d. S., Martinsberg.
Radt, Justizrat, Thorn.
Dr. jur. Raschke, Marie, Gr.-Lichterfelde West, Sternstr. 4.
Dr. Rathenau, Fritz, Regierungsrat, Berlin W. 15, Meineckestr. 7.
Rathje, Hermann, Rechtsanwalt, Kiel, Holstenstr. 21, II.
Rau, Meinhold, Rechtsanwalt, München, Landwehrstr. 4, II.
Rau, Rechtsanwalt, Notar, Justizrat, Königsberg i. Pr., Junkerstr. 12.
Dr. Rauch, Carl, Professor, Königsberg i. Pr.
Dr. jur. Rauert, Rechtsanwalt, Kiel, Feldstr. 81, I.
Raumann, Oskar, Rechtsanwalt, Notar, Berlin N. 4, Chausseestr. 131.
Reck, Landgerichtspräsident, Geh. Oberjustizrat, Hechingen, Hohenzollern.
Dr. Regelsberger, Geheimrat, Professor, Göttingen.
Rehe, E., Rechtsanwalt, Cöln a. Rh., Appellhofplatz 2.
Dr. Rehm, H., Professor, Straßburg i. E., Hohenlohestr. 22.
Dr. Rehme, Paul, Professor der Rechte, Halle a. d. S.
Dr. Reichardt, Wolf, Assessor, Zittau i. S., Schillerstr. 40.
Reichardt, Geh. Oberregierungsrat, Karlsruhe i. B.
Dr. Reiche, Martin, Rechtsanwalt, Justizrat, Berlin SW. 68, Charlottenstr. 21.
Dr. jur. et phil. Reichel, Hans, a. o. Professor, Jena, Westendstr. 9.
Reichenbach, Rechtsanwalt, Berlin N. 58, Schönhauser Allee 168.
Dr. Reichert, Justizrat, Hannover.
Reichhold, F., Rechtsanwalt, Landau i. Pfalz.
Reimann, Justizrat, Danzig, Hundegasse 106/107.
Dr. Reinach, Justizrat, Mülhausen i. Elsaß, Sinnestr. 16.
Reinberger, Rechtsanwalt, Justizrat, Berlin C. 2, Breitestr. 11.
Dr. Reinhardt, Wirklicher Geheimer Rat, Exzellenz, Karlsruhe i. B.
Reinmuth, A., Rechtsanwalt, Mannheim, A 4, 5.
Dr. Reis, Gustav, Rechtsanwalt, Mannheim.
Reis, H., Staatsanwaltschaftsrat a. D., Danzig, Hundegasse 93.
Reißert, Justizrat, Erfurt, Gartenstraße.
Reiß, Paul, Justizrat, Frankfurt a. M., Weserstr. 51.
Reitinger, Th., Vorstand des Grundbuchamts, Rechtsrat, Mannheim, Mannheimerstr. 51.
Reuscher, Rechtsanwalt, Notar, Justizrat, Kottbus.
Rheinwald, Oberlandesgerichtsrat a. D., Stuttgart, Neckarstr. 48 b.
Rhode, Erster Staatsanwalt a. D., Zoppot.
Dr. Riber, Rechtsanwalt, Mülhausen i. E.
Richter, Landgerichtsdirektor, Danzig.
Richter, Max, Handelsrichter, Danzig.
Dr. Richter, Karl Albrecht, Regierungsassessor, Leipzig-Connewitz, Südstr. 108.
Rieck, Landgerichtspräsident, Geh. Oberjustizrat, Bromberg.
Riecke, Rechtsanwalt, Halle a. S.
Riedel, Sigmund, k. Amtsrichter, Fischbach b. Feucht.
Dr. Riedel, Oberlandesgerichtsrat, Naumburg a. d. S.
Dr. Riemenschneider, F. H., Rechtsanwalt, Notar, Bremerhaven.
Dr. Riesenfeld, Conrad, Ernst, Syndikus der Handelskammer, Professor, Breslau XVIII, Kaiser Wilhelmstr. 193.

Rieß, D., 1. Magistratsassessor, Berlin W. 35, Blumeshof 1, III.
Dr. Rießer, J., Geh. Justizrat, Professor, Berlin W. 10, Lichtensteinallee 4.
Dr. Rietschel, Siegfried, Universitätsprofessor, Tübingen, Neckarhalde 55.
Dr. Riezler, E., Professor, Freiburg i. B., Reichsgrafenstr. 6.
Ring, Senatspräsident am Kammergericht, Berlin W. 35, Schöneberger Ufer 46.
Rintelen, Rechtsanwalt, Hagen i. W., Elberfelderstr. 20.
Rippner, M., Rechtsanwalt, Justizrat, Berlin SW. 68, Lindenstr. 108.
Rittau, Max, Referendar, Neustadt, Westpreußen.
Dr. Ritter, Erwin, Oberamtsrichter, Karlsruhe i. B.
Dr. Ritthausen, Rechtsanwalt, Berlin NW. 6, Luisenstr. 39.
Dr. Robinow, R., Rechtsanwalt, Hamburg, Neuerwall 69.
Dr. Roeder, Amtsrichter a. D., Direktor des Kgl. Strafgefängnisses Tegel, Seidelstr. 15.
Roediger, Rechtsanwalt, Mannheim.
Dr. v. Rohland, W., Geh. Hofrat, Professor, Freiburg i. B., Goethestr. 28.
Dr. Rohrbeck, W., Dr. jur. et phil., Berlin NW. 87, Levetzowstr. 21.
Röhrig, Rechtsanwalt, Berlin NW. 7, Mittelstr. 63.
Roll, Rechtsanwalt und Notar, Lissa i. P.
Dr. Roltsch, Wilhelm, Gerichtsassessor, Wiesbaden, Amtsgericht.
Dr. Romberg, Geh. Justizrat, Rechtsanwalt beim Reichsgericht, Leipzig, Sternwartenstr. 79.
Dr. Roemer, Rechtsanwalt, Notar, Justizrat, Bochum i. W.
Ronniger, P., Rechtsanwalt, Leipzig, Petersstr. 27.
Dr. Roscher, Th., Rechtsanwalt, Notar, Justizrat, Hannover.
Rose, E., Rechtsanwalt, Notar, Harburg a. E.
Rosenbaum, Rechtsanwalt, Danzig, Langermarkt 19.
Dr. Rosenberg, Rechtsanwalt, Gießen.
Rosenberg, Julius, Rechtsanwalt und Notar, Göttingen.
Dr. Rosenberg, Leo, Privatdozent an der Universität Göttingen.
Rosenberg, Oberlandesgerichtsrat, Colmar i. E.
Rosencrantz, Justizrat, Mewe a. Weichsel.
Dr. Rosendorff, Rich., Rechtsanwalt, Berlin W. 8, Charlottenstr. 33, II.
Dr. jur. et phil. Rosenfeld, Ernst, Staatsanwalt, Berlin W. 9, Voßstr. 13.
Dr. Rosenfeld, E. H., Professor, Münster i. W., Heerdestr. 9.
Dr. Rosenfeld, F., Rechtsanwalt, Mannheim.
Dr. Rosenfeld, J., Rechtsanwalt, Mannheim.
Dr. Rosenmeyer, Rechtsanwalt, Frankfurt a. M., Goethestr. 35.
Rosenthal, S. Amtsrichter, Gleiwitz, Kreidelstr. 10.
Rosenthal, Landgerichtsdirektor, Geh. Justizrat, Danzig, Lastadie 1.
Rosenthal, Landgerichtsrat, Langfuhr-Danzig, Kastanienweg 5a.
Rosenthal, Walter, Rechtsanwalt, Berlin SW. 68, Lindenstr. 112.
Dr. Rosenthal, Wilhelm, Rechtsanwalt, München, Fürstenfelderstr. 10.
Dr. Rosin, Geh. Hofrat, Professor, Freiburg i. Baden, Güntherstal 64.
Dr. Roth, Kriegsgerichtsrat, Dresden-Blasewitz, Weinbergstr. 2.
Dr. Roth, Rechtsanwalt, Heidelberg, Theaterstr. 14.
Dr. Rothbart, Ph., Rechtsanwalt, Frankfurt a. M., Schillerstr. 7.
Dr. Rothe, Justizrat, Berlin C. 2, Kaiser Wilhelmstr. 39.

Rothenberg, Justizrat, Danzig.
Dr. Rothenbücher, Karl, Privatdozent, München, Brüderstr. 5, III.
Dr. Ruhbaum, Oberverwaltungsgerichtsrat, Berlin W. 50, Augsburgerstr. 23.
Dr. Rubensohn, Rechtsanwalt, Notar, Rybnik i. O.-Schl.
Dr. Rüdenberg, Alfred, Crefeld-Bockum, Tiergartenstr. 55.
Ruge, Albert, Regierungsrat, Danzig-Langfuhr, Baumbachallee 11.
Ruhm, Rechtsanwalt, Danzig, Hundegasse 106/107.
Dr. Ruland, Justizrat, Colmar i. E.
Dr. Rümker, Charles, Amtsrichter, Hamburg.
Dr. Rumpf, Hermann, Rechtsanwalt, Frankfurt a. M., Goethestr. 12.
Runge, Ewald, Rechtsanwalt, Berlin W. 66, Wilhelmstr. 45.
Dr. von Rüpplin, Freiherr, Landgerichtsdirektor, Konstanz.
Dr. Salfeld, Alfred, Rechtsanwalt, Berlin C. 25, Münzstr. 1/2.
Sassen, J. H., Justizrat, Notar, Bonn, Kaiserplatz 5.
Sachs, Emil, Geh. Justizrat, Leipzig, Promenadenstr. 10.
Sachse, Gerichtsassessor, Danzig.
Dr. Sachsenhausen, Rechtsanwalt, Danzig, Hundegasse 91/92.
Dr. jur. Sack, Th., Schriftsteller, München, Franz Josephstr. 20.
Salinger, Max, Justizrat, Rechtsanwalt, Notar, Berlin W. 10, Königin Augustastr. 35, II.
Dr. Salinger, George, Rechtsanwalt, Berlin W. 15, Fasanenstr. 67.
Salinger, Rechtsanwalt, Notar, Wollstein.
Dr. v. Salis, Professor, Schloß Marschlins b. Landquart i. Graubünden, Schweiz.
Salomon, Landgerichtsrat, Charlottenburg, Giesebrechtstr. 10.
Salomon, Alfred, Oberlandesgerichtsrat, Cöln a. Rh., Volksgartenstr. 24.
Dr. Salomon, J. Ph., Rechtsanwalt, Berlin W. 35, Lützowstr. 67.
Dr. Salomonsohn, Arthur, Geschäftsinhaber der Diskontogesellschaft, Berlin W. 64, Unter den Linden 35.
Dr. Samson, H., Rechtsanwalt, Hamburg, Bleichenbrücke 10.
Dr. Samson, M., Rechtsanwalt, Hamburg, Neuer Wall 19/23.
Dr. Samter, Hermann, Justizrat, Berlin W. 9, Königin Augustastr. 15.
Dr. Sammer, K., Geh. Regierungsrat, Bankdirektor, Gotha, Ohrdruferstr. 4.
Sandberg, Gustav, Rechtsanwalt, Justizrat, Berlin S. 42, Oranienstr. 45.
Dr. Sander, E., Rechtsanwalt, Berlin W. 57, Elsholzstr. 2.
Dr. Sanders, Rechtsanwalt, Karlsruhe i. B., Hebelstr. 9.
Sänger, A., Rechtsanwalt, Stuttgart.
Dr. Sartorius, Professor, Tübingen.
Saul, Immanuel, Rechtsanwalt, Duisburg, Königstr. 38.
Schachian, Rechtsanwalt, Justizrat, Berlin W. 56, Hinter der kath. Kirche 1.
Dr. Schachtel, Leo, Rechtsanwalt, Berlin SW. 48, Wilhelmstr. 100.
Schachtel, Rechtsanwalt, Notar, Lichtenberg, Frankfurter Allee 183.
Schaefer, August, Rechtsanwalt, Baden-Baden, Sophienstr. 29.
Dr. jur. Schaeffer, Hans, Breslau, Neudorfstr. 33.
Dr. Schall, R., Rechtsanwalt beim Reichsgericht, Justizrat, Leipzig, Kaiser Wilhelmstr. 12 b.

Dr. Schanze, Oskar, Professor, Kaiserl. Regierungsrat a. D., Dresden, Jacobistr. 5.

Scheff, Rechtsanwalt, Justizrat, Berlin W. 9, Potsdamerstr. 141.

Schellong, F., Oberverwaltungsgerichtsrat, Wirkl. Geheimer Oberregierungsrat, Charlottenburg, Carmerstr. 10.

Schenk, Oberlandesgerichtsrat, Karlsruhe i. B.

Schenck, Rechtsanwalt, Hagen i. W., Bergstr. 73.

Schenke, Friedr., Amtsgerichtsrat, Torgau a. E.

Schepers, Senatspräsident, Geh. Oberjustizrat, Berlin W. 50, Neue Ansbacherstr. 13.

Dr. Scherer, M., Rechtsanwalt, Leipzig, Harckortstr. 8.

Dr. Scherer, Otto, Rechtsanwalt, Mainz, Kaiserstr. 46.

Dr. Schieren, Referendar, Danzig, Goldschmiedegasse 8, I.

Schippang, Erich, Landgerichtsrat, Kiel, Beseler-Allee 32, I.

Schirren, Rechtsanwalt, Justizrat, Notar, Kiel, Klinke 26.

Dr. Schlauch, Walter, Syndikus der Diskonto-Gesellschaft, Berlin W. 15, Meineckestr. 2.

Schlesinger, Georg, Rechtsanwalt, Leipzig, Neumarkt 1.

Schlicht, Rechtsanwalt, Notar, Soegel (Prov. Hannover).

Schlockermann, Landgerichtsdirektor, Berlin W. 15, Hohenzollerndamm 5.

Dr. Schlotter, Oberlandesgerichtsrat, Düsseldorf-Obercassel.

Dr. Schlotter, A., Rechtsanwalt, Notar, Justizrat, Gera (Reuß).

Schlüter, Oberbergrat, Dortmund, Kronprinzenstr. 34.

Schmid, Paul, Rechtsanwalt, Notar, Berlin SW. 48, Friedrichstr. 248.

Schmid, Senatspräsident, Geh. Oberjustizrat, Kiel, Düsternbrook 59.

von Schmidlin, Staatsminister der Justiz, Stuttgart.

Dr. Schmidt, Arthur, Professor der Rechte, Geh. Justizrat, Gießen, Loeystr. 18.

Schmidt, Rechtsanwalt, Notar, Duderstadt i. Eichsfeld.

Schmidt, Gerichtsassessor, Syndikus der Norddeutschen Brauervereinigung, Detmold.

Dr. Schmidt, Richard, Geh. Hofrat, Professor, Freiburg i. B.

Dr. Schmidt, Carl, Justizrat, Rechtsanwalt, Fürth (Bayern).

Schmidt, A,. Rechtsanwalt, Notar, Alt-Landsberg, Berliner Allee 13.

Dr. Schmidt, Fritz, Landgerichtsrat, Karlsruhe i. B., Westendstr. 11.

Dr. Schmidt-Polex, C., Justizrat, Rechtsanwalt, Frankfurt a. M.

Dr. Schmidt-Scharff, Wolfgang, Rechtsanwalt, Frankfurt a. M., Hochstraße 10.

Schmitz, Fritz, Landgerichtsrat, Zabern i. E.

Schmitz, Emil, Rechtsanwalt, Justizrat, Cöln a. Rh., Gereonsdrisch 15.

Dr. Schneider, Otto, Landgerichtsrat a. D., Direktor der Rheinischen Hypothekenbank, Mannheim A. 2. 1.

Schneider, Amtsgerichtsrat, Posen, Königsplatz 5.

Dr. Schneider, Viktor, Justizrat, Rechtsanwalt, Berlin W. 64, Unter den Linden 12.

Schneider, Arnold, Rechtsanwalt, Notar, Berlin SW. 11, Königgrätzerstr. 100a.

Schneider, Johannes, Rechtsanwalt, Meerane i. S.

Schnitger, J., Rechtsanwalt, Justizrat, Detmold.

Dr. Schnitzler, Rechtsanwalt, Krefeld, Ostwall 149.
Dr. Scholtz, Amtsrichter, Wreschen.
Dr. Scholz, Oberverwaltungsgerichtsrat, Berlin W. 50, Rankestr. 13.
Schon, Hans, Rechtsanwalt, Bonn a. Rh., Mannheimerstr. 42.
Schoenfeld, Rechtsanwalt, Justizrat, Berlin C. 2, Königstr. 34.
Schoenlank, Hugo, Rechtsanwalt, Notar, Tegel.
Schoenlank, Arthur, cand. jur. Posen, Friedrichstr. 26.
Dr. Schoeps, Gustav, Rechtsanwalt, Justizrat, Berlin C. 25, Alexanderstr. 53.
Dr. Schoetensack, August, Privatdozent, Würzburg, Sanderglacisstr. 40.
Dr. Schott, Professor, Breslau XVI., Leerbeutelstr. 7.
Schöttländer, Rechtsanwalt, Posen.
Schrader, K., Eisenbahndirektor a. D., Mitglied des Reichstags, Berlin W. 35, Steglitzerstr. 68.
Schrader, H., Rechtsanwalt, Diedenhofen.
Dr. Schrag, Rechtsanwalt, Karlsruhe i. B., Waldstr. 41.
Schreiber, August, Rechtsanwalt, Donaueschingen.
Schreier, Oskar, Rechtsanwalt, Berlin C. 2, Neue Promenade 3.
Dr. Schreiner, M., Justizrat, Rechtsanwalt, Cöln a. Rh.
Schrock, Franz, Landgerichtsdirektor, Berlin W. 50, Spichernstr. 24.
Dr. Schrock, E., Rechtsanwalt, Justizrat, Marienwerder i. Westpreußen.
Dr. Schröder, R., Geheimrat, Professor, Heidelberg, Ziegelhäuser Landstr. 19.
Schroetter, Landgerichtspräsident a. D., Geh. Ober-Justizrat, Zoppot, Schulstraße.
Schüler, Gustav, Rechtsanwalt, Stolp i. P.
Schultz, Ernst, Rechtsanwalt, kgl. Notar, Filehne (Posen).
Schultz, Rechtsanwalt, Notar, Justizrat, Culm W.-Pr.
Schultze, Kammergerichtsrat, Geh. Justizrat, Berlin NW. 52, Calvinstr. 13a.
Dr. Schultze, Alfred, Professor, Freiburg i. B., Schwimmbadstr. 30.
Dr. Schultzenstein, Senatspräsident des Oberverwaltungsgerichts, Wirkl. Geh. Ober-Regierungsrat, Berlin W. 30, Motzstr. 86.
Dr. Schulz, Professor, Oberbibliothekar, Leipzig, Floßplatz 33.
Schulz, Landgerichtsrat, Danzig-Langfuhr, Heiligenbrunnerweg 7, II.
Dr. Schulz, Carl, Rechtsanwalt, Frankenthal i. d. Pfalz, Bahnhofstr. 31.
Schulz, Rechtsanwalt, Justizrat, Kottbus, Kaiser Friedrichstr. 130.
von Schulz, Magistratsrat, Berlin NW. 52, Thomasiusstr. 21.
Dr. Schulz, G., Rechtsanwalt, Ludwigshafen a. Rhein.
Schulze, Max, Rechtsanwalt, Notar, Kirchhain N.-L.
Schumann, Heinr., Rechtsanwalt, Mosbach i. Baden.
Schumann, Staatsanwalt, Bartenstein Ostpr.
Schürmann, Kriegsgerichtsrat, Danzig.
Schütt, Rechtsanwalt, Notar, Neumünster i. Holstein.
Schwabach, Geh. Regierungsrat, Berlin W. 10, Hildebrandstr. 16.
Schwandner, Direktor, Vorstand des Vereins Deutscher Strafanstaltsbeamten, Ludwigsburg i. Wttbg.
Schwartz, Landgerichtspräsident, Danzig.
Dr. Schwartz, Johann, Christoph, o. Professor der Rechte an der Universität, vorm. Ratsherr zu Riga, Halle a. S., Am Kirchtor 17.

Dr. Schwartze, M., Landrichter, Hamburg, Loogesteg 19.
Schwarzkopf, Landgerichtsrat, Danzig-Langfuhr, Hauptstr. 12.
Schwarz, Oberlandesgerichtsrat, Cöln a. Rh., Volksgartenstr. 23.
Dr. von Schwarze, Joh., Reichsgerichtsrat, Leipzig, Beethovenstr. 23.
Schweichler, Staatsanwalt a. D., Syndikus, Lübeck.
Schweickert, Carl, Rechtsanwalt, Frankenthal i. d. Pfalz.
Dr. Schweitzer, Adolf, Gerichtsassessor, Metz, Nanzigerstr. 19.
Dr. Schwering, J., Rechtsanwalt, Hamm.
Schwoerer, Staatsanwalt, Konstanz i. B.
Scriba, H., Syndikus der Landw.-Kammern für die Provinz Sachsen, Halle a. S., Ulestr. 8.
Dr. Seckel, E., Geh. Justizrat, Professor, Berlin W. 62, Kurfürstenstr. 76/77.
Dr. Sée, Edgard, Advokat, Paris, 4 rue le Peletier.
Seeger, A., Rechtsanwalt, Straßburg i. E., Brocklieplatz 2.
Dr. v. Seeler, Wilh., Professor, Berlin W. 50, Achenbachstr. 2.
Seelert, Landrichter, Danzig-Langfuhr, Am Johannisberg 19.
Dr. Seelig, Geh. Justizrat, Rechtsanwalt beim Reichsgericht, Leipzig, Schreberstr. 13.
Dr. Seelig, Rechtsanwalt, Berlin W. 9, Potsdamerstr. 9.
Dr. Seelig, Ludwig, Rechtsanwalt, Mannheim.
Dr. Seeligmann, Rechtsanwalt, Karlsruhe i. B., Königstr. 108.
Dr. Segalla, Rechtsanwalt, Hamburg.
Seibert, Richter, Bremen, Bismarckstr. 71.
Seibertz, Amtsgerichtsrat, Dortmund, Prinz Wilhelmstr. 16.
Dr. Seiler, Otto, Rechtsanwalt, Mannheim.
Selb, G., Rechts- und Fiskal-Anwalt, Mannheim, A. 3. 9.
Selck, Erwin, Gerichtsreferendar, Darmstadt.
Seligmann, Moritz, Handelsrichter, Cöln a. Rh., Kasinostr. 12/14.
Dr. Seligsohn I, Arnold, Justizrat, Rechtsanwalt, Berlin NW. 7, Prinz Louis Ferdinandstr. 1.
Semler, Amtsgerichtsrat, Berlin SW. 61, Plan-Ufer 15.
Senff, Rechtsanwalt, Justizrat, Berlin W. 8, Taubenstr. 44/45.
Senger, Max, Rechtsanwalt, Graudenz, Amtsstr. 19.
Senninger, Josef, Rechtsanwalt, Passau, Ludwigstr. 285.
Seyfert, E. H., Senatspräsident, Dresden, Stephanienstr. 30.
Siebert, Fritz, Rechtsanwalt, Justizrat, Wiesbaden, Adolfsallee 5.
Dr. Siecke, Rechtsanwalt, Leipzig, Thomaskirchhof 17.
Siegel I, Leopold, Rechtsanwalt, Justizrat, München, Dienerstr. 20.
Dr. Sieger, F., Rechtsanwalt, Notar, Frankfurt a. M.
Dr. Siegmann, Georg, Rechtsanwalt, Berlin SW. 68, Lindenstr. 37.
Dr. Siehr, Carl, Rechtsanwalt, Königsberg i. Pr.
Siehr, Ernst, Rechtsanwalt, Insterburg, Vorstadt 1.
Sieveking, C., Geh. Justizrat, Rechtsanwalt, Notar, Altona a. d. Elbe, Bahnhofstr. 20.
Dr. Silberschmidt, Oberlandesgerichtsrat, Zweibrücken.
Dr. Silberstein, Max, Rechtsanwalt, Justizrat, Berlin W. 10, Margarethenstr. 7.

Dr. Siméon, P., Kammergerichtsrat, Wilmersdorf, Eisenzahnstr. 44.
Dr. Simon, H. V., Justizrat, Rechtsanwalt, Berlin W. 10, Viktoriastr. 5.
Dr. Simon, Hans, Rechtsanwalt, Berlin W. 35, Lützowstr. 82.
Dr. Simonis, Adolf, Bürgermeister, Rostock i. Mecklenburg.
Simons, W., Landrichter, Gr. Lichterfelde-West, Steglitzerstr. 39.
Simonson, Reichsgerichtsrat, Leipzig, Schwägrichenstr. 21.
von Simson, Geh. Justizrat, Rechtsanwalt, Notar, Berlin W. 56, Jägerstr. 52.
Sinn, P., Rechtsanwalt und Notar, Justizrat, Rendsburg.
Sinsheimer, Ludwig, Rechtsanwalt, Grünstadt i. Rheinpfalz.
Dr. Sinzheimer, Hugo, Rechtsanwalt, Frankfurt a. M., Goethestr. 26, I.
Dr. Skibowski, Rechtsanwalt, Notar, Zoppot.
Dr. jur. Sluzewski, Emil, Syndikus der Allgemeinen Elektrizitätsgesellschaft, Charlottenburg, Leibnizstr. 73.
Sluzewski, Rechtsanwalt, Berlin C. 19, Wallstr. 3.
Smoira, Referendar, Cranz O.-Pr.
Smolla, Notar, Breslau, Neue Graupenstr. 17.
Dr. Sobernheim, Otto, Gerichtsassessor, Berlin NW. 40, Alsenstr. 3a.
Sobiecki, Rechtsanwalt, Karthaus, W.-Pr., Parkstraße.
Soldan, Hans, Rechtsanwalt, Mainz, Flachsmarktstr. 32 I.
Dr. Solmssen, Georg, Gerichtsassessor, Direktor d. Diskontogesellschaft, Berlin W. 64, Unter den Linden 35.
Sommer, Leo, Gerichtsassessor, Danzig, Faulgraben 23.
Sonnen, Theo, Amtsrichter, Köln-Marienburg, Goltsteinstr. 199.
Sonnenfeld, H., Rechtsanwalt, Berlin W. 8, Leipzigerstr. 108.
Dr. Sontag, Amtsrichter, Kattowitz, Oberschlesien, Lessingstr. 9.
Dr. Soetber, Generalsekretär des deutschen Handelstages, Wannsee, Lohengrinstr. 28.
Dr. Spahn, Oberlandesgerichtspräsident, Wirklicher Geheimer Oberjustizrat, Frankfurt a. M.
Spangenberg, Rechtsanwalt, Notar, Justizrat, Hannover, Georgstr. 13.
Dr. jur. Sperling, Heinrich, Landgerichtspräsident, Lyck, O.-Pr.
Spiegel, Wilhelm, Rechtsanwalt, Kiel, Dänischestraße 15.
Dr. Spittel, Rechtsanwalt, Kottbus, Kaiser Friedrichstr. 126.
Dr. Spohr, C., Rechtsanwalt, Gießen.
Springe, Werner, Rechtsanwalt, Altona a. E., Große Bergstraße.
Springer, Fritz, Referendar, Charlottenburg, Hardenbergstr. 10.
Staebel, E., Rechtsanwalt, Darmstadt, Elisabethenstr. 14.
Dr. Stadthagen, Jul., Justizrat, Notar, Berlin SW. 68, Zimmerstr. 16/17.
Dr. von Staff, Landgerichtspräsident, Geh. Oberjustizrat, Breslau XIII, Hohenzollernstr. 42.
Stahl, H., Rechtsanwalt, Metz, Kaiser Wilhelm-Ring 22.
Stahn, Eugen, Amtsgerichtsrat a. D., Berlin SW. 48, Puttkamerstr. 12 II.
Stambrau, Justizrat, Königsberg i. Pr., Domstr. 11.
Stammer, Rechtsanwalt, Notar, Justizrat, Altona a. E., Bahnhofstr. 46.
Dr. Stammler, Professor, Geh. Justizrat, Halle a. S., Reichardtstr. 13.
Stapff, A., Rechtsanwalt, Justizrat, Weimar.
Dr. Stauder I, Karl, Rechtsanwalt, Nürnberg, Obstgasse 2.

Dr. Stauß, Rechtsanwalt, Zwickau i. S.
Dr. Stebens, Rechtsanwalt, Notar, Justizrat, Berlin W. 8, Charlottenstraße 57, II.
Steffan, Landgerichtsrat, Straßburg i. Els., Apffelstr. 4.
Dr. Stein, Professor, Leipzig, Ferdinand Rhodestr. 28.
Dr. Stein, Oberlandesgerichtsrat, Karlsruhe i. B.
Stein, Oberlandesgerichtsrat, Marienwerder.
Dr. Stein, Rechtsanwalt, Bankier, Karlsruhe i. B., Weberstr. 1.
Dr. Stein, Justizrat, Thorn.
Steinel, Eugen, Rechtsanwalt, Pforzheim.
Steiner, Ludwig, Rechtsanwalt, Berlin C. 2, Königstr. 46.
Steinhardt, Justizrat, Danzig.
Dr. Steinitz, Rechtsanwalt, Justizrat, Berlin W. 15, Augsburgerstr. 45.
Dr. Steinitz, Max, Rechtsanwalt, Berlin N. 54, Brunnenstr. 25.
Dr. Steinitz, Curt, Rechtsanwalt, Breslau, Kaiser Wilhelmstr. 57.
Dr. Steinthal, M., Rechtsanwalt, Frankfurt a. M., Feuerbachstr. 50.
Dr. Stern, Bruno, Rechtsanwalt, Würzburg.
Dr. Stern, Jacques, Amtsrichter, Berlin W. 10, Friedrich Wilhelmstr. 24.
Stern, Max, Ober-Landesgerichtsrat, Düsseldorf, Schumannstr. 61.
Dr. Stern, Otto, Landrichter, Beuthen, O.-Schlesien.
Dr. Stern, Fedor, Justizrat, Rechtsanwalt, Notar, Berlin W. 64, Behrenstr. 23.
Dr. Stern, S., Rechtsanwalt, Mannheim.
Sternberg, Landgerichtsrat, Charlottenburg, Grolmanstr. 6.
Sternberg, Georg, Justizrat, Danzig, Jopengasse 61.
Sternfeld, Rechtsanwalt, Danzig, Hundegasse 42.
Stettiner, Otto, Rechtsanwalt, Justizrat, Notar, Berlin W. 8, Taubenstr. 58.
Steyrer, Fritz, Direktor der Bayer. Handelsbank, München, Maria Theresiastraße 13.
Dr. Stier-Somlo, Univ.-Professor, Bonn, Kaufmannstr. 81 a.
Stillschweig, Rechtsanwalt, Berlin W. 9, Potsdamerstr. 141.
Dr. Stintzig, W., Professor, Leipzig, Sidonienstr. 67.
Dr. Stoeckel, Reichsgerichtsrat, Leipzig, Waldstr. 56.
Dr. Stolze, Magistrats-Assessor, Charlottenburg, Schulstr. 14.
Dr. Stölzle, Hans, Rechtsanwalt, Kempten.
Stomps, Rechtsanwalt, Berlin W. 35, Potsdamerstr. 28.
Story, Alfred, Rechtsanwalt, Berlin S. 42, Oranienstr. 145/46.
Storz, Oberlandesgerichtsrat, Karlsruhe i. B.
Dr. v. Stoesser, K., Geheimer Rat, Senatspräsident a. D., Karlsruhe in Baden, Stephanienstr. 88.
Straehler, Kammergerichtsrat, Berlin W. 50, Geisbergstr. 12/13.
Dr. Stranz, M., Rechtsanwalt, Berlin W. 62, Kurfürstenstr. 73.
Strasser, F., k. Landgerichtsrat, Bayreuth.
Straub, Siegfried, Rechtspraktikant, Freiburg i. Br., Karthäuserstr. 46 III.
Straube, Landgerichtsrat, Halberstadt, Spiegelstr. 11.
Dr. Straus, Moritz, Rechtsanwalt, Karlsruhe i. B., Friedrichsplatz 1.
Dr. Strauß, Fritz, Rechtsanwalt, Karlsruhe i. B., Karl Friedrichstr. 3.
Dr. Strauß, Rechtsanwalt, Mannheim.

Streßler, Ludwig, Rechtsanwalt, Metz, Ponceletstr. 2.
Strelitz, Hugo, Berlin W. 57, Elßholzstr. 6.
Stroh, Justizrat, Rechtsanwalt, Notar, Elbing, Friedrich Wilhelmplatz 16.
Dr. Strohal, Emil, Geh. Hofrat, Professor, Leipzig, Salomonstr. 1.
Dr. Struckmann, Gustav, Geh. Regierungsrat im Reichsjustizamt, Berlin W. 30, Motzstraße 31.
Dr. Struckmann, Wirklicher Geh. Ober-Regierungsrat, Berlin W., Landgrafenstr. 15.
Dr. Struve, Karl, Referendar, Preetz i. H.
Stubenrauch, Paul, Kammergerichtsrat, Geh. Justizrat, Schöneberg, Motzstr. 56.
Sturm, Julius, Landgerichtsrat, Kaiserslautern, Schubertstr. 24.
Suchsland, Rechtsanwalt, Justizrat, Halle a. S., Rathausstr. 3.
Suchsland, Adolf, Landgerichtsdirektor, Geh. Justizrat, Naumburg a. S., Buchholzstr. 36.
Sudau, Justizrat, Danzig.
Dr. Suling, W., Rechtsanwalt, Bremen, Komturstr. 2.
Dr. Süpfle, Robert, Rechtsanwalt, Karlsruhe i. B., Seminarstr. 13.
Süßmann, Rechtsanwalt, Justizrat, Halberstadt.
Syring, Rechtsanwalt, Justizrat, Leipzig, Elsterstr. 8.
Dr. Szymanski, Rechtsanwalt, Danzig, Hundegasse 91/92.
Tachau, B., Rechtsanwalt, Hamburg, Stadthausbrücke 43.
Tannen, Rechtsanwalt, Notar, Justizrat, Wittmund i. Ostfriesland.
Dr. Taenzler, Fritz, Syndikus der Hauptstelle der deutschen Arbeitgeberverbände, Berlin W. 35, Karlsbad 5 a.
Tappermann, Kaiserl. Landrichter, Metz.
Techow, Magistratsrat, Berlin W. 10, Von der Heydtstr. 7.
Dr. Tentler, Rechtsanwalt, Hamburg, Stadthausbrücke 43.
Tesmer, Kriegsgerichtsrat, Danzig-Langfuhr, Baumbach-Allee 12.
Teuberger, Rechtsanwalt, Ruhrort.
von Thadden, Geh. Admiralitätsrat und vortragender Rat im Reichsmarineamt, Friedenau, Schmargendorferstr. 26.
Thal, Louis, Privatdozent, St. Petersburg, Spaßkaja 16.
Theremin, Landgerichtsrat a. D., Schweidnitz.
Thiel, Justizrat, Wreschen.
Thiele, M., Geh. Justizrat, Königsberg i. Pr., Steindamm 56/57.
Dr. Thieme, Hermann, Rechtsanwalt, Notar, Dresden, Marschallstr. 18.
Thiemann, Max, Rechtsanwalt, Braunschweig, Bohlweg 66.
Thinius, Wilhelm, Kammergerichtsrat a. D., Bankdirektor, Berlin NW. 52, Calvinstr. 14.
Dr. jur. Thiesing, Amtsrichter, Hilfsarbeiter im Justizministerium, Berlin W. 30, Heilbronnerstr. 16 III.
Dr. Thoma, Univ.-Professor, Tübingen.
Thomsen, H., Amtsgerichtsrat, Geh. Justizrat, Emden i. Ostfriesland.
Dr. Thomsen, Professor in der rechts- und staatswissenschaftlichen Fakultät der Universität Münster i. W., Georgscommende 1.
Thurn, E., Geh. Justizrat, Notar, Köln a. Rh., Margarethenkloster.

Dr. Thuyssen, Carl, Rechtsanwalt, Köln a. Rh., Zuckerberg 4.
Tichauer, Justizrat, Berlin SW. 68, Zimmerstr. 61.
Tillesen, Rechtsanwalt, Mannheim.
Timendorfer, Rechtsanwalt, Justizrat, Berlin S. 42, Oranienstr. 145/146.
Tittel, Amtsrichter, Tuchel.
Dr. Titze, Professor, Göttingen, Obere Karspule 35.
Tollkiemit, Rechtsanwalt, Geheimer Justizrat, Naumburg a. Saale.
Dr. Toeplitz, Leon, Justizrat, Dresden, Marschallstr. 1, I.
Traeger, Albert, Geh. Justizrat, Berlin SW. 11, Prinz Albrechtstr. 3.
Dr. Traeger, L., Universitäts-Professor, Marburg a. Lahn.
Trautner, H., Rechtsanwalt, Bamberg.
Treitel, Amtsgerichtsrat, Danzig, Breitgasse 29.
Treitel, Oberlandesgerichtsrat, Königsberg i. Pr., Traghenner Pulverstr. 8.
Dr. Trumpler, Syndikus der Handelskammer, Frankfurt a. M., Börse.
Dr. Trunk, Gustav, Rechtsanwalt, Karlsruhe i. B., Kaiserstr. 104.
von Tuhr, Dr. A., Professor, Straßburg i. E., Rupprechtsallee 64.
Türk, Rechtsanwalt, Justizrat, Berlin SW. 68, Zimmerstr. 87.
Uhles, Emil, Geh. Justizrat, Kammergerichtsrat, Berlin W. 10, Tiergartenstraße 3a.
Ule, R., Geh. Ober-Justizrat, vortragender Rat im Justizministerium, Vizepräsident der Justizprüfungskommission, Berlin SW. 11, Königgrätzerstr. 28.
Dr. von Ullmann, Geh. Rat, München, Ludwigstr. 29.
Ullmann, Justizrat, Magdeburg.
Ullmann, Rechtsanwalt, Notar, Justizrat, Posen.
Dr. Umhauer, Erwin, Gerichtsassessor, Pforzheim.
Unger, Rechtsanwalt, Prenzlau.
Viebig, C., Justizrat, Berlin W. 57, Bülowstr. 24.
Dr. Vierhaus, Felix, Oberlandesgerichtspräsident, Wirkl. Geheimer Ober-Justizrat, Professor, Breslau XIII, Hohenzollernstr. 95/97.
Vleugels, Notar, Justizrat, Köln, St. Apernstr. 7.
Dr. Vogel, Carl, Rechtsanwalt, Rastatt.
Vögele, Rechtsanwalt, Karlsruhe i. B.
Dr. Vormbaum, Landrichter, Berlin W. 50, Passauerstr. 38.
Vortisch, Fr., Rechtsanwalt, Lörrach.
Voß, Justizrat, Birnbaum.
Voß, Landgerichtsrat a. D., Zoppot, Eisenhardtstr. 7, II.
Dr. Vossen, Leo, Rechtsanwalt, Düsseldorf.
Dr. Wach, Wirklicher Geheimer Rat, Exzellenz, Professor, Leipzig, Goethestr. 9.
Dr. Wachtel, Rechtsanwalt, Leipzig, Peterskirchhof 7.
Dr. Wagenknecht, Rechtsanwalt, Dortmund.
Dr. Waldow, Rechtsanwalt, Stettin, Reifschlägerstr. 22.
Dr. Waldstein, F., Rechtsanwalt, Justizrat, Notar, Altona, Königstr. 145.
Dr. Wallach, Siegfried, Rechtsanwalt, Essen.
Dr. jur. et rer. polit. Wallerstein, Ernst, Straßburg i. E, Schirmecker Ring 15.
Dr. Wanow, Rechtsanwalt, Zoppot.
Dr. Waentig, H., Professor, Halle a. S., Bambergerstr. 31.

Dr. Warburg, Siegfried, Rechtsanwalt, Justizrat, Altona a. E., Palmaillee 31.
Dr. Warburg, Fritz, Referendar, Hamburg, Ferdinandstr. 75.
Dr. Warnatsch, Landgerichtsdirektor, Wilmersdorf, Uhlandstr. 114.
Dr. Warneyer, Otto, Amtsgerichtsrat, Leipzig, Hardenbergstr. 18.
Warschauer, Rechtsanwalt, Justizrat, Notar, Tremessen.
Dr. Wassermann, Albert, Rechtsanwalt, Bamberg i. B.
Dr. Wassermann, M., Rechtsanwalt, Hamburg, Neuer Wall 34.
Wassermeyer, Geheimer Justizrat, Bonn.
Weck, Rechtsanwalt, Diedenhofen.
Wedekind, Geh. Justizrat, Landgerichtsrat, Danzig, Kohlengasse 5.
Dr. Wedemeyer, Werner, a. o. Professor der Rechte, Kiel, Adolfstr. 52, I.
Wehlan, Justizrat, Rechtsanwalt am Kammergericht, Notar, Berlin W. 10. Tiergartenstr. 1.
Wehrmann, Rechtsanwalt, Notar, Justizrat, Stettin, Königsplatz 18.
Dr. Weidlich, Rechtsanwalt, Höchst a. M., Rossertstr. 30.
Weidmann, Rechtsanwalt, Karthaus, W.-Pr.
Dr. Weigert, Erich, Rechtsanwalt, Cottbus.
Dr. Weil, Julius, Landgerichtsrat, Geh. Justizrat, Breslau XVIII., Scharnhorststr. 10.
Dr. Weill, Friedrich, Rechtsanwalt, Stadtrat, Karlsruhe i. B., Maximilianstraße 6.
Weinberg, Rechtsanwalt, Berlin C. 2, Königstr. 30.
Dr. Weingart, A., Oberlandesgerichtsrat, Dresden-A., Eliasstr. 4.
Dr. Weingart, Eugen, Rechtsanwalt, Mannheim.
Weingarten, Rechtsanwalt, Notar, Pößneck i. Th.
Dr. Weiß, Wilhelm, Rechtsanwalt, Breslau I, Zwingerstraße 6.
Dr. Weiß, Georg, Rechtsanwalt, Wiesbaden.
Dr. Weiß, Rechtsanwalt, Konitz, W.-Pr.
Weiß, Friedrich, Justizrat, Danzig.
Weißer, Th., Rechtsanwalt, Heidelberg, Klosestr. 17.
Weißler, Adolf, Rechtsanwalt, Justizrat, Halle a. S., Gr.-Steinstr.
de Weldige, Urban, Rechtsanwalt, Justizrat, Paderborn i. W.
Wenz, K. L., Rechtsanwalt, Zweibrücken, Bismarckstr. 3.
Dr. Werner, Joseph, Rechtsanwalt, Justizrat, Bamberg, Hainstr. 6.
Werner, Emil, Rechtsanwalt, Magdeburg, Kaiserstr. 13.
Wery v. Limont, Emil, Amtsgerichtsrat, Niederlahnstein.
Dr. Werthauer, Paul, Rechtsanwalt, a. D., Geh. Hofrat, Berlin W. 15, Kurfürstendamm 198.
Dr. Wertheimer, Ludwig, Rechtsanwalt, Frankfurt a. M., Steinweg 6.
Dr. Wertheimer, Rechtsanwalt, Baden-Baden.
Dr. Wertheimer, Emil, Rechtsanwalt, Kaiserslautern, Eisenbahnstr. 33.
Wertheimer, M., Rechtsanwalt, München, Karlsplatz 14.
Wessel, Justizrat, Rechtsanwalt, Notar, Danzig, Hundegasse 47 I.
West, Senatspräsident, Karlsruhe i. B.
Dr. Westerkamp, Alice, Leiterin d. Rechtsschutzstelle für Frauen, Frankfurt a. M., Sternstr. 16.
Dr. Westerkamp, J. B., Geh. Justizrat, Professor, Marburg i. Hessen.

Westphal, Oberlandesgerichtsrat, Hamburg 37, Hochallee 6.
Wex, Regierungsrat, Danzig.
Dr. Weyl, R., Professor, Kiel, Feldstr. 111/113.
Dr. Weyrather, Oberlandesgerichtsrat, Kiel.
Wiebe, Reichsgerichtsrat, Leipzig, Schenkendorfstr. 14.
Wiener, Senatspräsident, Breslau.
Wienskowski, Oberverwaltungsgerichtsrat, Berlin W. 30, Traunsteinerstraße 7.
Dr. Wildhagen, Rechtsanwalt, Justizrat, Leipzig, Ferdinand Rhodestr. 34.
Wilk, Rechtsanwalt, Thorn.
Dr. Wilke, Richard, Geh. Justizrat, Potsdam, Leipzigerstr. 31.
Wilke, Karl, Rechtsanwalt a. Kammergericht, Notar, Justizrat, Berlin SW. 61, Belleallianceplatz 4.
Dr. Willers, Oberregierungsrat, Danzig.
Willers, Hans, Referendar, Essen a. Ruhr, Henriettenstr. 3.
Dr. Wimpfheimer, H., Rechtsanwalt, Mannheim.
Winkelmann, Friedr., Rechtsanwalt, Dortmund, Ostenhellweg 3.
Winkler, Landgerichtsdirektor, Geh. Justizrat, Erfurt, Herderstr. 31, I.
Winkler, Georg, Rechtsanwalt, Notar, Langensalza.
Winkler, Oberamtsrichter, Karlsruhe i. B., Nowackanlage 7.
Winterfeld, Heinrich, Rechtsanwalt, Notar, Justizrat, Berlin S. 42, Oranienstraße 67.
Wistinetzki, Rechtsanwalt, Allenstein.
Dr. Witte, Landgerichtsrat, Danzig-Langfuhr, Heiligenbrunnerweg 2.
Dr. Wittelshöfer, Rechtsanwalt, Justizrat, Fürth in Bayern.
Dr. Wittkowsky, Paul, Rechtsanwalt, Berlin W. 8, Kronenstr. 72.
Wittmaack, Karl, Rechtsanwalt, Notar, Neumünster i. H.
Wölbling, P., Magistratsrat, Vorsitzender des Gewerbegerichts, Eichwalde b. Berlin.
von Wolbeck, Landgerichtsdirektor, Karlsruhe i. B.
Dr. Wolf, Eduard, Justizrat, Rechtsanwalt u. Notar, Dresden, Johann Georgen Allee 5, II.
Wolfen, Justizrat, Rechtsanwalt, Notar, Bromberg, Wilhelmstr. 13.
Wolff, Ernst, Staatsanwalt, Landsberg a. W.
Dr. Wolff, Martin, Professor, Berlin W. 35, Lützowstr. 66.
Wolff, Franz, Rechtsanwalt, Notar, Mülheim a. Ruhr.
Dr. Wolff, Hans, Referendar, Potsdam, Behlerstr. 12.
Wolff, Eduard, Justizrat, Rechtsanwalt, Notar, Lissa i. P.
Dr. Wolff, Max, Rechtsanwalt, Lissa i. P.
Dr. Wolff, Rechtsanwalt, Berlin W. 8, Kronenstr. 2.
Wolff, Curt, Rechtsanwalt, Berlin SW. 48, Friedrichstr. 243.
Wolff, Eugen, Rechtsanwalt, Justizrat, Berlin W. 57, Bülowstr. 85.
Wolfram, Emil, Geh. Regierungsrat, vortragender Rat in der Oberrechnungskammer Potsdam, Eisenhartstr. 8.
Wolfsthal, Max, Landgerichtsrat, Regensburg, L. 63.
Wreschner, Ludwig, Justizrat, Rechtsanwalt, Notar, Berlin W. 66, Wilhelmstr. 55.

Wreschner, Semi, Rechtsanwalt, Justizrat, Berlin N. 24, Oranienburgerstraße 33.

Wronker, Rechtsanwalt, Justizrat, Berlin C. 2, Kaiser Wilhelmstr. 49.

Dr. Wrzeszinski, Richard, Rechtsanwalt, Berlin W. 8, Mohrenstr. 56.

Wubicke, Gerichtsassessor, Danzig-Langfuhr, Gustav Radbeweg 3.

Wulff, Paul, Rechtsanwalt, Berlin S. 14, Prinzenstr. 48.

Dr. Wulff, Franz Ch., Rechtsanwalt, Hamburg, Gr. Bäckerstr. 6/10.

Dr. v. Wulffert, Anton, Staatsrat, Prof., St. Petersburg, Turschtadska 49.

Dr. Wunderlich, C. R. G., Landrichter, Leipzig, Ritterstr. 21, I.

Dr. Wunderlich, Gerichtsassessor, Danzig.

Wunderlich, Rechtsanwalt, Oppeln.

Wundermacher, Th., Amtsgerichtsrat, Rixdorf.

Wundermacher, Rechtsanwalt, Neustadt.

Dr. Wüstendörfer, Privatdozent an der Handelshochschule Cöln.

Wüstenfeld, E., Reichsgerichtsrat a. D., Heidelberg, Bismarckstr. 19.

Yelin, Staatsanwalt, Stuttgart, Neue Weinsteige 12.

Zachariae, Otto, Senatspräsident, Berlin W. 50, Passauerstr. 11 a.

Dr. Zakrezecki, Horst, Gerichtsassessor, Schöneberg, Knausstr. 13, I.

Zander, Rechtsanwalt, Danzig.

Zander, Wilhelm, Rechtsanwalt, Notar, Justizrat, Erfurt, Neuwerkstr. 3.

Zborowski, Amtsgerichtsrat, Hohensalza.

Dr. Zehme, Felix, Rechtsanwalt, Leipzig, Schillerstr. 3.

Dr. Zeiß, H., Justizrat, Jena.

Dr. Zeller, Heinrich, Darmstadt, Hochstr. 66, II.

Zelter, Rechtsanwalt, Justizrat, Stettin, Augustaplatz 1.

Dr. Zenner, Rechtsanwalt, Straßburg i. E.

Dr. Ziegler, A. Gottfr., Rentier, Würzburg, Sander-Ring 20.

Dr. Ziemssen, F., Rechtsanwalt, Berlin NW. 6, Luisenstr. 35.

Dr. Ziese, Rechtsanwalt, Justizrat, Rendsburg.

Dr. Zimmermann, Landgerichtsrat, Danzig-Langfuhr, Johannisthal 22.

Zimmermann, E., Ministerialrat, Karlsruhe i. B.

Zindel, Ministerialdirektor, Stuttgart.

Dr. Zirndorfer, P., Rechtsanwalt, Justizrat, Frankfurt a. M., Kaiserstr. 18.

Dr. Zitelmann, Geh. Justizrat, Professor, Bonn, Coblenzerstr. 83.

Zoeller, Julius, Ritter von, Oberstaatsanwalt, München, Prinz Ludwigstraße 16, II.

Zopff, Carl, Stadtrat, Leipzig.

Dr. Zorn, Geh. Justizrat, Professor, Bonn.

Zündorf, Friedr., Rechtsanwalt, Justizrat, Köln a. Rh., Elisenstr. 13.

Dr. Zutt, Otto, Rechtsanwalt, Karlsruhe i. B.

Zweig, W., Amtsgerichtsrat, Berlin NW. 5., Rathenowerstr. 31.

Dr. Zweigert, Oberreichsanwalt, Leipzig, Weststr. 4.

Niederländischer Juristenverein, z. H. des Herrn Prof. Dr. G. A. van Hamel, Amsterdam, 48 Nicolas Witsenkade.

Schweizer Juristenverein, z. H. des Herrn Dr. G. Duttweiler, Bundesgerichtskanzlei, Lausanne.

Lese- und Redehalle der deutschen Studenten (Bücherei-Verwaltung) Prag.

Internationaler Anwalt-Verband, Wien I, Gonzagagasse 16.

Königl. Sächs. stenographisches Institut Dresden.

Bibliothek der Deputation des Deutschen Juristentages, Berlin W. 35, Potsdamerstr. 118.

Correspondenz Herzberg, Berlin SW. 48, Wilhelmstr. 147.

Königl. Bibliothek Berlin.

Universitätsbibliothek Berlin.

Verzeichnis
der
österreichisch-ungarischen Mitglieder des Deutschen Juristentages
im Jahre 1910.

Dr. Adler, Em., Professor, Wien VII, Neustiftgasse 19.
Dr. Adler, Karl, Universitätsprofessor, Czernowitz, Russische Gasse 13.
Dr. Adler, Adolf, Hof- und Gerichtsadvokat, Wien I, Graben 12.
Dr. Adler, Sigmund, Universitätsprofessor, Wien VIII, Feldgasse 10.
Dr. von Babitsch, Jacob, Ritter, Kreisgerichtsvizepräsident, St. Pölten N.Ö.
Dr. Bachrach, Adolf, Hof- und Gerichtsadvokat, Wien I, Rosenbursenstr. 8
Dr. Bachrach, Daniel, Hof- und Gerichtsadvokat, Wien I, Rosenbursenstr. 8.
Baltinester, Johannes, k. k. Notar, Wien XVI, Ottakringerstr. 39.
Dr. Baernreither, Josef, Minister a. D., Wien, Landgerichtsstr. 11.
Dr. Bartsch, Robert, Vizesekretär im k. k. Justizministerium, Privatdozent an der Universität Wien IX 4, Alserbachstr. 4a.
Dr. Benda, Eduard, Advokat, Teplitz-Schoenau, Langegasse 41.
Dr. Benedict, Edmund, Hof- und Gerichtsadvokat, Wien I, Stubenring 14.
Dr. Bernhart, Ludwig, k. k. Ministerial-Vizesekretär, Wien I, Schillerplatz 4.
Berthold, Carl, schles. Landesrat, Vorstand des landesstatistischen Amts, Troppau.
Bettelheim, Ernst, D., kgl. Bezirksrichter des Handelsgerichts, Wien.
Dr. Beurle, Carl, Advokat, Linz, Landstr. 9.
Dr. Blaas, Hermann, k. k. Auskultant, Gurk i. Kaernthen.
Dr. von Boschan, Eugen, Ritter, Hof- und Gerichtsadvokat, Wien I Oppolzergasse 5.
Dr. Boscovitz, Alfred, Hof- und Gerichtsadvokat, Wien I, Volksgartenstr. 1.
Dr. von Bozoki, Aloys, Kgl. Rat, Direktor der Kgl. Rechtsakademie, Nagy Varad.
Dr. Brecher, Bernhard, Hof- und Gerichtsadvokat, Wien I, Laurenzerberg 4.
Brielmayer, Alfred, k. k. Landesgerichtsrat, Moedling, Biechtlgasse 4.
Dr. Brunstein, Jos. L., Hof- und Gerichtsadvokat, Wien I, Krugerstr. 13.
Dr. von Call, Friedrich, Freiherr, k. k. Oberlandesgerichtspräsident, Exzellenz, Innsbruck, Anichstr. 42.

Dr. Coumont, Eduard, Hof- und Gerichtsadvokat, Wien I, Walfischgasse 4.
Dr. Dalnoky, Bela, Rechtsanwalt, Rechtskonsulent des Handels-Greniums, Budapest V, Leopoldring 8.
Danzer, Carl, Ober-Landesrat, Urfahr b. Linz, Hauptstr. 75.
Dr. Demattio, Anton, k. k. Finanzprokuratursekretär, Innsbruck, Anichstr. 6.
Dr. Durig, Ernst, k. k. Sektionsrat, Wien I, Schillerplatz 4.
Dr. Dworschak, Hans, Rechtsanwalt, Leibnitz a. d. Südbahn, Steiermark.
Dr. Ehrenzweig, Armin, Professor der Rechte, Wien VII, Neustiftgasse 51.
Dr. Eisenberger, Wilhelm, Advokat, Karlsbad.
Dr. Erler, Eduard, Advokat, Reichsratsabgeordneter, Vizebürgermeister, Innsbruck.
Dr. Ettinger, Marcus, Hof- und Gerichtsadvokat, Wien VII, Mariahilfstr. 8.
Dr. Farnik, Ignaz, Advokat, Schwaz, Tirol.
Dr. Feigl, Oskar, Hof- und Gerichtsadvokat, Wien I, Salvatorgasse 6.
Dr. von Feistmantel, Carl, Ritter, Hof- und Gerichtsadvokat, Wien, Habsburgergasse 5.
Dr. Fischer-Colbrie, Eduard, Privatdozent a. d. Universität, k. k. Ratssekretär des k. k. obersten Gerichts- und Kassationshofes, Wien VIII, Feldgasse 3.
J. U. Dr. Fleischmann, Carl, Advokat, Karlsbad.
Dr. Fluß, Jacob, k. k. Landesgerichtsrat, Wien IX, Alserbachstr. 31.
Dr. jur. von Forster, Alfred, Ritter, Sekretärstellvertreter der Handels- und Gewerbekammer Eger.
Dr. Fortner, Erich, k. k. Richter im Justizministerium, Wien I, Schillerplatz 4.
Dr. Frankl, Otto, Universitätsprofessor, Prag-Smichso, Ferdinandskai 16.
Dr. Frey, Friedrich, Hof- und Gerichtsadvokat, Wien I, Helferstorferstr. 3.
Dr. Fried, Alfred, Advokaturskandidat, Wien VII, Gumpendorferstr. 12.
Dr. Fritz, Ernst, k. k. Bahnkommissar, Prag, kgl. Weinberge 22, Chodengasse.
Dr. Froehlich, Victor, Landesgerichtsrat, Wien IX, Vegagasse 10.
Dr. Fuchs, Carl, Advokat, Prag, Hawliceplatz.
Dr. Gabl, Advokat, Hans, Landeck, Tirol.
Dr. Gallia, Adolf, Hof- und Gerichtsadvokat, Wien I, Biberstr. 2.
Dr. Gallia, Ludwig, Advokat, Wien I, Wollzeile 33.
Dr. Geller, Leo, Hof- und Gerichtsadvokat, Wien I, Franz Josef-Quai 25.
Gerichtszeitung, allgem. österreichische, zu Händen Dr. Karl Schreiber, k. k. Sektionsrat im Eisenbahnministerium, Wien.
Dr. Geringer, Victor, k. k. Ober-Finanzrat, Graz, Lessingstr. 8.
Giegl, Julius, Hofrat des obersten Gerichts- und Kassationshofes, Wien XVIIII, Hans Sachsgasse 3.
Dr. Gleispach, Wenzislaus, Graf, ord. Universitätsprofessor, Prag, Smichon, Inselgasse 13.
Dr. Goldschmidt, Alfred, Advokat, Prag II, Mariengasse 17.
Dr. jur. Graetz, Victor, Wien I, Hansenstr. 6.
Dr. Greistorfer, Carl, Advokat, Graz.
Dr. Groß, Siegfried, Hof- und Gerichtsadvokat, Wien I, Schultergasse 5.
Dr. Gschmeidler, Arthur, Edler von, Hof- und Gerichtsadvokat, Wien I, Habsburgerstr. 5.

J. U. Dr. Hahn, Carl, Advokat, Karlsbad.
Dr. Hamm, Carl, k. k. Bezirksrichter, Mondsee.
Dr. Haemmerle, Otto, Advokat, Kufstein, Tirol.
Dr. Haerdtl, Heinrich, Freiherr von, Wien I, Stallburggasse 4.
Dr. Hanausek, Gustav, a. o. Universitätsprofessor, Graz, Elisabethstr. 20.
Handels- und Gewerbekammer Eger.
Handels- und Gewerbekammer Olmütz.
Dr. Hermann, Rudolf, Ministerialvizesekretär im Justizministerium, Wien I, Schillerplatz 4.
Dr. von Herrnritt, Professor, Wien, Neustiftgasse 22.
Dr. Hilber, Hieronymus, Advokat, Bruneck, Tirol.
Dr. Hlaváč, Adolf von, Edler vom Rechtwall, k. k. Finanzrat der Finanzprokuratur, Wien VIII, Buchfeldgasse 4.
Dr. Höfler, Rudolf, Bezirksrichter, Leoben.
Dr. Hoegel, Hugo, k. k. Oberstaatsanwalt, Hofrat, Professor an der Konsularakademie, Wien VII, Neustiftgasse 17.
Dr. Hohenburger, Victor, R. v., k. k. Justizminister, Wien I, Schillerpl. 4.
Dr. Hollitscher, Marcus, Hof- und Gerichtsadvokat, Wien II, Praterstr. 8.
Dr. Hoenig, Friedrich, Generalsekretär des Beamtenvereins, Wien I, Wipplingerstraße 25.
Dr. Hugelmann, Carl, k. k. Hofrat, Wien XIX, Chimanistr. 19.
Dr. Hupka, Josef, Professor, Wien XVIII, Edelhofgasse 36.
Dr. Hye-Glunek, Frz., Freih. v., Wien I, Seilerstätte 7.
Dr. Huß, Johann, Julius, Bahnkommissar der k. k. Nordbahndirektion, Wien II, Wolfgang Schmalzlgasse 25.
Dr. Juch, Otto, Finanzprokuraturkonzipist, Wien.
Dr. Jung, Richard, k. k. Staatsanwalt, Innsbruck.
Juristische Gesellschaft, Troppau.
Dr. Kaiserfeld, Wilh., Edler von, Kanzleidirektor der steiermärkischen Sparkasse, Graz, Schmiedegasse 2.
Dr. Kaiserfeld, Max, Ritter v., Advokat, Graz, Sporgasse 32.
Dr. Kammerlander, Ludwig, Hof- und Gerichtsadvokat, Graz, Glacisstraße 27.
Dr. von Karnitschnigg, Hubert, Ritter, k. k. Ministerialvizesekretär, Wien I, Schillerplatz 4.
J. U. Dr. Kaufmann, Friedrich, Advokat, Prag, Graben 17.
Dr. Kecht, Arthur, Advokaturskandidat, Kitzbühel, Tirol.
Dr. Klang, James, Verwaltungsrat des österreich. Phönix, Wien I, Reischachgasse 3.
Dr. Kleibl, Eugen, k. k. Landesgerichtsrat, Wien IV, Favoritenstr. 17.
Dr. Klein, Franz, Exzellenz, Justizminister a. D., k. k. Geh. Rat, Sektionschef und Universitäts-Professor, Wien, Langegasse 8, I.
Dr. Kobatsch, Rudolf, Professor, Wien I, Eschenbachgasse 11.
Dr. Konirsch, Alfred, Hof- und Gerichtsadvokat, Wien I, Opolzergasse 4.
Dr. Koschacker, Paul, Professor, Prag III, Vschehedgasse 27, II.
Dr. Kowarz, Wilhelm, k. k. Bahnsekretär, Linz, Landstr. 15a.
Krapf, Carl, k. k. Landesgerichtsrat, Graz, Humboldstr. 21.

Dr. Krasa, Berthold, Hof- und Gerichtsadvokat, Wien I, Seilerstätte 17.
Dr. Krasny, Arnold, k. k. Sektionsrat, Professor a. d. Konsularakademie, Wien I, Elisabethstr. 9.
Dr. Kraus, Carl, Rechtsanwalt, Teplitz in Böhmen.
Dr. Kulisch, Max, Universitätsprofessor, Innsbruck, Colingasse 7.
Dr. Lamp, Carl, Universitätsprofessor, Czernowitz, Franzensgasse 54.
Dr. Landesberger, Julius, Universitätsprofessor, Hof- und Gerichtsadvokat, Wien I, Schottenring 17.
Landesverein der ungar. Eisenwerke und Maschinenfabriken, z. H. des Herrn Ministerialrat von Foerster, Budapest 190, V, Thonetudvar.
Dr. Langer, Josef, Hof- und Gerichtsadvokat, Wien I, Bäckerstr. 9.
Dr. Lauterstein, Rudolf, Hof- und Gerichtsadvokat, Wien I, Stubenbastei 10.
Dr. Leiter, Hans, Advokat, Bruneck, Tirol.
Dr. Lenz, A., Universitätsprofessor, Graz.
Dr. von Leon, Wilhelm, Ritter, k. k. Oberlandesgerichtsrat, Innsbruck.
Dr. Lévy Béla, Rechtsanwalt, Budapest V, Balvany-utza 21.
Dr. Licht, Stefan, Reichsratsabgeordneter, Wien.
Dr. Links, Emil, Hof- und Gerichtsadvokat, Wien I, Hohenstaufengasse 2.
Dr. Löffler, Alexander, Universitätsprofessor, Wien XVIII, Gentzgasse 38.
Dr. Lohsing, Ernst, Hof- und Gerichtsadvokat, Wien I, Elisabethstr. 1.
J. U. Dr. Löw, Gustav, Rechtsanwalt, Mähr.-Schönberg.
Dr. Loewenthal, Dagobert, Fabrikbesitzer, Iglau.
Dr. Luschin von Ebengreuth, Arnold, Hofrat, Universitätsprofessor, Graz, Merangasse 15.
Dr. Maier, Hugo, Hof- und Gerichtsadvokat, Wien I, Helferstorferstr. 2.
Marchesani, Anton, k. k. Landesgerichtsrat, Schruns, Vorarlberg.
Dr. Mathias, Adolf, Hof- und Gerichtsadvokat, Wien I, Wipplingerstr. 23.
Dr. von Mayr, Max, Freiherr, Hof- und Gerichtsadvokat, Wien I, Hoher Markt 8.
Dr. Mayrhoifer, Franz, k. k. Notar, Wien I, Petersplatz 7.
Dr. Menger, Max, Hof- und Gerichtsadvokat, Wien VIII, Auerspergstr. 19.
v. Miklosich, Moriz, Ritter, k. k. Landesgerichtsrat, Wien VIII, Josefstädterstraße 11.
Dr. Morgenstern, Hugo, Hof- und Gerichtsadvokat, Wien VI, Mariahilferstraße 127.
Dr. Müller, Wilhelm, Landesrat, Klagenfurt i. Kaernthen, Landhaus.
Dr. Nechanski, August, Hof- und Gerichtsadvokat, Wien I, Stoß im Himmel 3
Dr. Ritter von Neumann-Ettenreich, Robert, kgl. Hofrat des k. k. Verwaltungsgerichtshofs, Wien I, Schellinggasse 3.
Dr. Neuner, Josef, k. k. Oberlandesgerichtsrat, Feldkirch, Vorarlberg.
Dr. Neußer, Hugo, Rechtsanwalt, Troppau.
Niederösterreichische Advokatenkammer, Wien I, Rotenturmstraße 13.
Dr. Ofner, Julius, Hof- und Gerichtsadvokat, Wien I, Wollzeile 12.
Dr. Pappenheim, Wilhelm, Hof- und Gerichtsadvokat, Wien I, Seilerst. 7.
Patryn, Ludwig, Landesregierungsrat, Troppau.
Dr. Peer, Josef, Advokat, Feldkirch, Vorarlberg.

Dr. Perlmann, Walter, Advokat, Prag, Ferdinandstr. 11.
Dr. Pfaff, Leopold, k. k. Universitätsprofessor, Wien III, Erdbergstr. 9.
Dr. von Pitreich, August R., Oberlandesgerichtspräsident, Graz.
Dr. Pollack, Richard, Hof- und Gerichtsadvokat, Wien IV, Hauptstr. 28.
Dr. Pibram, Karl, Privatdozent, Wien IV, Mühlgasse 5.
Prodinger, Gustav, k. k. Richter, Bezau, Vorarlberg.
Dr. Puntschart, Paul, ord. Professor der Rechte a. d. Universität, Graz, Schubertstr. 19 II.
Dr. Putzker, Emil, Advokat, Brünn.
Dr. Rappaport, Achill, k. k. Landesgerichtsrat, Privatdozent an der Universität Czernowitz, Franzensgasse 39.
Dr. Rebensaft, Adolf, Hof- und Gerichtsadvokat, Wien I, Schülerstr. 22.
Dr. Redlich, Josef, Professor, Wien XIX, Armbrustergasse 15.
Dr. Redlich, Harry, Wien IV, Maderstr. 1.
Dr. Reich, Max, k. k. Notar, Knittelfeld, Steiermark.
Dr. Reisch, Theordor, Hof- u. Gerichtsadvokat, Wien XIX, Gatterburggasse 1.
Dr. Reitmayer, Alfred, k. k. Richter, Kufstein.
Dr. Reyer, em. Advokat, Triest, via Vienna 1—2.
Dr. Riehl, Anton, k. k. Ministerialkonzipist, Herausgeber der Revue „Die Sprachpraxis", Wien III 1, Hauptstraße 33.
Dr. Rietsch, Karl Friedrich, k. k. Notar, Neuern i. Böhmen.
Dr. Rintelen, Anton, Professor an der deutschen Universität Prag III.
Dr. von Rokitanski, Carl Freiherr, k. k. Richter, Loeben.
Dr. Roller, Abgeordneter, Wien IV, Victorgasse 18.
Dr. Rosenbacher, Arnold, Advokat, Prag, Zeltnergasse 2.
Dr. Schanzer, Oskar, Advokat, Aussig.
Dr. Scharff, Joh. M., k. k. Sektionschef im k. k. Justizministerium, Wien I, Schillerplatz 4.
Dr. Schauer, Hugo, k. k. Sektionschef, Wien V, Wiedner Hauptstr. 87.
Dr. Schellander, Franz, Advokat, Triest, Via de Nicolo 27.
Dr. von Schenk, Josef, Freiherr, k. k. Senatspräsident des Verwaltungsgerichtshofes, Wien III, Hehrgasse 16.
Dr. von Schey, Josef, Freiherr, Professor, Wien IV, Theresianumgasse 2a.
Dr. Schlosser, Alois, Präsident der Advokatenkammer, Graz.
Dr. Schoendorf, Friedrich, Schriftsteller, Wien 9, Liechtensteinstr. 45.
Dr. Schrutka, Emil Edler von Rechtenstamm, k. k. Universitätsprofessor, Wien, Währing-Cottagegasse 53.
Schuler, Ferdinand, Bezirksrichter, Nanders, Tirol.
Dr. Schuloff, Theodor, Hof- und Gerichtsadvokat, Wien I, Schellinggasse 6.
Dr. Schulz, Paul, k. k. Ministerialrat, 1, Vizepräsident des Patentamts, Wien 5, Babenbergerstr. 1.
Dr. Schulz, Fritz, o. Professor der Rechte, Innsbruck-Mühlau, Villa Andechs.
von Schwarzenau, Erwin, Freiherr, k. k. Statthalter, Exzellenz, Innsbruck, Burg.
Dr. von Schwarz, Georg Edler von, Wien VI 2, Gumpendorferstr. 125.
Dr. von Schwind, Ernst, Freiherr, Universitätsprofessor, Wien XIII, Penzingerstr. 66.

Dr. Seibl, Aloys, Professor an der landwirtsch. Akademie Tetschen a. E., Liebwerd.

Dr. Seidler, Gustav, k. k. Univ.-Professor, Wien IX, Hasenauerstr. 53.

Dr. v. Seiller, Freiherr Alfred, Hof- und Gerichtsadvokat, Wien I, Wallfischgasse 4.

Dr. Spiegel, Ludwig, Univ.-Professor, Prag II, Tyrsgasse 7.

Dr. von Sprung, Franz, Hof- und Gerichtsadvokat, Wien I, Fuhrichgasse 2.

Dr. Stahl, Philipp, Ritter v., k. k. Ministerialrat, Wien IV, Frankenberggasse 12

Dr. Stein, Richard, Hofbuchhändler, Wien I, Kohlmarkt 20.

Dr. Steinlechner, Paul, k. k. Hofrat, o. ö. Universitätsprofessor, Graz, Glacisstr. 57.

Dr. Sternberg, Moritz, Verteidiger in Strafsachen, Wien I, Stubenring 14.

Dr. von Stourzh, Alois Edler, k. k. Hofrat, Vizepräsident des k. k. Kreisgerichts, Korneuburg bei Wien, Schaumanngasse 12.

Dr. Stransky, Heinrich, Hof- und Gerichtsadvokat, Wien I, Gonzagagasse 12.

Dr. Stroß, Emanuel, Hof- und Gerichtsadvokat, Wien I, Lugeck 3.

Dr. Tessadri, Pius, Staatsanwalt-Stellvertreter, Trient, Landesgericht.

Dr. Thanner, Friedrich, Universitätsprofessor, Graz, Paalsstr. 9.

Dr. von Thayenthal, Max, Sekretärstellvertreter der Wiener Handels- und Gewerbekammer, Wien I, Wipplingerstr. 34.

Theumer, Leo, k. k. emer. Notar, Elbogen.

Theumer, Emil, k. k. Notar, Elbogen.

Dr. Thomsen, Justizrat, Gries b. Bozen, Tirol, Wendlandhaus.

Dr. Thumim, Nathaniel, Hof- und Gerichtsadvokat, Wien I, Judenplatz 8.

Dr. Tinzl, Josef, Advokat, Schlanders, Tirol.

Dr. Torggler, Hans, k. k. Finanzrat, Innsbruck, Leopoldstr. 16.

Dr. Traunsteiner, Johann, Advokat, Kitzbühel, Tirol.

Dr. Trover, Otto, Hof- und Gerichtsadvokat, Salzburg, Kaigasse 7.

Dr. Ulbrich, Josef, Hofrat, k. k. Universitätsprofessor, Prag I, Jungmannsstr. 14.

Dr. Unger, Josef, Exzellenz, Minister a. D., Geh. Rat und Präsident des Reichsgerichts, Wien I, Kantgasse 3.

Dr. Uranitsch, Emil, Advokat, Graz, Kaiserfeldgasse 21.

J. U. Dr. Vock, Franz, k. k. Notar, Laibach i. Krain.

Dr. Wagner, Karl, k. k. Notar, Wien I, Tiefer Graben 9.

Dr. Walker, Gustav, k. k. Landesgerichtsrat, Wien VI, Kißlergasse 7.

Dr. Weil, Friedrich, Hof- und Gerichtsadvokat, Wien I, Passauerplatz 2.

Dr. Weis-Ostborn, Friedrich, Ritter v., Hof- und Gerichtsadvokat, Graz, Kaiserfeldgasse 22.

Dr. Weiß, Adolph, Ritter von Teßbach, Großgrundbesitzer, Wien I, Nibelungengasse 1.

Dr. Weiß, Gustav Ritter v. Wellenstein, Kaiserl. Rat, Wien IV 1, Tilgnerstr. 3.

Dr. Weishut, Albert, Hof- und Gerichtsadvokat, Wien (Schottenringviertel), IX/1, Maria Theresienstr. 11.

Dr. Weiß, Moritz Ludwig, Hof- und Gerichtsadvokat, Wien I, Rudolfsplatz 13a.

Dr. Weißel, Edmund, Hof- und Gerichtsadvokat, Wien I, Strauchgasse 1.

Dr. Wellspacher, Moritz, o. ö. Universitätsprofessor, Wien IX, Wasagasse 50.

von Widmann, Alphons Freiherr, 1. Präsident des Landeskulturrates, Mitglied des Herrenhauses des österr. Reichsrates, Bozen.

Dr. Wien, Franz, Advokat, Prag, Wenzelsplatz 7.

Dr. von Winiwarter, Franz Ritter, Hof- und Gerichtsadvokat, Wien I, Domgasse 6.

Dr. von Winterhalder, Rudolf Ritter, k. k. Notar, Wien IV., Margaretenstr. 34.

Dr. von Wretschko, A. Ritter, o. ö. Universitätsprofessor, Innsbruck, Bienerstr. 27.

Dr. Wurmser, Anton v., k. k. Landesgerichtsrat, Cilli.

Zentralbibliothek, z. H. des Herrn Bibliothekar Gerichtssekretär Dr. Eduard Fischer-Colbrie, Wien, Justizpalast.

FSC
www.fsc.org
MIX
Papier | Fördert gute Waldnutzung
FSC® C083411

Kolibri 360 GmbH
Ferdinand-Jühlke-Straße 7
99095 Erfurt, Deutschland
produktsicherheit@kolibri360.de